KB162053

가상통화의 시대

이원재

건국대학교 언론홍보대학원을 졸업했다. 서울디자인재단에 입사하여 홍보담당을 역임하고, 종합광고대행사 DDB Korea의 본부장으로 있다. 개인이 미디어가 되는 초연결의 시대에 소통과 공감을 담은 멋진 광고를 만들고 있다. 저서로『광고의 진화』『광고의 이해』『인터넷광고』등이 있다.

가상통화의 시대

초판 인쇄 · 2018년 4월 15일
초판 발행 · 2018년 4월 25일

지은이 · 이원재
펴낸이 · 한봉숙
펴낸곳 · 푸른사상사

편집 · 지순이 | 교정 · 김수란
등록 · 1999년 7월 8일 제2−2876호
주소 · 경기도 파주시 회동길 337−16 푸른사상사
대표전화 · 031) 955−9111(2) | 팩시밀리 · 031) 955−9114
이메일 · prun21c@hanmail.net / prunsasang@naver.com
홈페이지 · http://www.prun21c.com

ⓒ 이원재, 2018

ISBN 979−11−308−1327−1   03320

값 22,000원

이 도서의 국립중앙도서관 출판예정도서목록(CIP)은 서지정보유통지원시스템 홈페이지(http://seoji.nl.go.kr)와 국가자료공동목록시스템(http://www.nl.go.kr/kolisnet)에서 이용하실 수 있습니다.(CIP제어번호: CIP2018010789)

가상통화의 시대

이원재

푸른사상
PRUNSASANG

최근 우리 사회는 가상현실(VR), 증강현실(AR), 사물인터넷(IoT), 클라우드, 3D프린터 등 예전에는 상상 속에서나 가능했던 첨단기술의 산물들이 실제 생활에 출현하면서 급격한 시대적 변화를 요구받고 있다. 예전에는 의식주를 잘 갖춰 살아가는 것이 최고의 덕목이었지만 이제는 최신 기술에 기반한 새로운 세상에 얼마나 빨리 적응하느냐가 중요해졌다. 가상통화도 그러한 최신 기술의 산물로서 사회의 변화를 이끌어내고 있다.

　2018년 새해 벽두부터 암호화폐의 광풍(狂風)으로 사회 곳곳이 시끌벅적하다. 암호화폐에 대한 관심이 치솟으면서 투자자들이 사용하는 은어까지 관심을 끈다. 투자자들의 전용 커뮤니티에서 사용하는 은어가 이제 통상적 용어가 된 것이다. 최고의 유행어 중 하나가 된 '가즈아(Gazua)'는 과거 주식 투자자들 사이에서 나왔지만, 암호화폐 투자자들이 사용하면서 더욱 널리 퍼져나갔다.

'가즈아'는 자신이 구매한 코인의 가치가 오르기를 열망하는 뜻으로 파이팅을 뜻하는 'GO'를 '가자'로 해석하여 길게 늘려 발음한 말이다. 투자자들은 자신이 바라는 목표치까지 오르기를 소망할 때 주문처럼 그 은어를 사용한다. 하도 즐겨 쓰다 보니 요즘은 외국인들도 그 뜻을 알고 사용할 정도다. 한국의 암호화폐 시장 규모는 전 세계 3위로 한국의 국민총생산(GDP)이 세계 경제에서 차지하는 비중의 10배 이상이다. 일각에선 '가즈아'가 무엇이든 쉽게 끓어오르는 한국인들의 특성을 잘 보여준다고 해석하기도 한다.

　암호화폐는 실물이 없고 온라인에서만 거래되는 화폐를 말한다. 외국에서는 눈에 보이지 않고 컴퓨터상에 표현되는 화폐라고 해서 디지털화폐 또는 가상화폐 등으로 칭하지만 최근에는 암호화 기술을 사용하는 화폐라는 의미로 암호화폐 또는 가상화폐라는 용어를 함께 사용한다. 블록체인 기술로 탄생한 암호화폐는 단순한 경제 수단이라기보다 사람의 마음을 흔들어놓는 괴력을 지니고 있다. 암호화폐로 인해 기존의 금융 제도가 도전을 받게 되면서 이제 화폐의 개념부터 새롭게 정립할 필요가 생겼다.

　화폐는 약 1만 년 전 고대인들이 물물교환을 위해 곡식이나 가축을 사용하면서 처음 등장했다. 이후 금과 은 같은 금속을 거쳐 종이에 가치를 적어 사용하는 형태로 진화해왔다. 그리고 가상통화의 시대를 맞아 사용 방식에 따른 다양한 특성을 지닌 암호화폐들이 등장했다. 하지만 암호화폐에 부정적인 사람들도 많다. 언제든지 해킹당할 수 있는 사이버머니라고 여기기 때문이다. 뿐만 아니라 암호화폐는 화폐로서의 기능을 갖고 있지 않다고 생각한다.

화폐는 인간이 자신의 시간과 노력을 들여 얻은 가치를 전달하는 수단이다. 그래서 지불과 저축의 기능과 가격 척도와 교환수단이라는 기능을 모두 지니고 있어야 한다. 오늘날 우리가 사용하는 종이화폐는 이러한 기능을 모두 갖추고 있다. 암호화폐도 이러한 화폐의 기능을 갖고 있다. 암호화폐를 전자지갑(Wallet)과 거래소에 보관할 수 있으니 저축 기능은 물론 가지고 있고, 매우 작은 단위로 쪼갤 수 있어서 가격의 척도 역할까지 할 수 있다. 그리고 자신의 것과 상대방이 가진 것의 가치가 같기에 교환수단이 될 수 있다.

지난 2009년 비트코인이 처음 등장한 이후 아마존(Amazon)과 푸들러(Foodler) 같은 전 세계 수많은 인터넷 기업들이 결제수단으로 받아들이고 있다. 최근 캐나다에서는 비트코인을 현금으로 바꿔서 인출할 수 있는 현금자동입출금기(ATM)가 등장하여 오프라인에서도 자유롭게 사용할 수 있게 되었다. 또한 자동차나 부동산 판매 대금도 비트코인으로 받는 곳이 있다. 아직 세계 모든 곳에서 자유롭게 쓰이는 것은 아니지만 점차 암호화폐가 통용되는 시대가 도래하고 있는 것만은 분명하다.

국내에서는 아직 비트코인을 사용할 수 있는 곳이 많지 않지만 일본의 경우 비트코인을 취급하는 점포가 5,000곳이 넘는다. 일반 쇼핑몰은 물론이고 음식점, 미용실 등 생활기반형 점포에서도 비트코인을 취급하고 있다.

불과 몇 년 전까지만 해도 비트코인을 비롯한 암호화폐들은 세계적으로 질타를 받았다. 아무도 화폐적 가치가 있다고 인정하지 않고 투기성이 높다고 단정했다. 하지만 비트코인은 4차 산업혁명 시대를 맞아 새롭게 주목을 받고 있다. 머잖아 우리 사회 많은 분야에 인공지능(Artificial Intelligence : AI)이 접목될 것이다. 인류는 역사상 세 번의 산업혁명을 거쳐 상당한 과학적 발전을 이뤄내었다. 이제는 고도화된 정보기술을 기반으로 인공지능의 시대로 접어들었고 그 중심에 암호화폐가 있다.

암호화폐는 세계 어디서나 스마트폰이나 인터넷만 가능하면 환전할 필요 없이 사용할 수 있다. 일반 화폐의 경우 반드시 은행을 이용해야 하고 분실의 위험도 있다. 하지만 암호화폐는 이런 불편 없이 가상통화로 사용할 수 있다. 따라서 화폐로서만 인정되기만 한다면 국가 간 경제구조에 많은 변화가 일어날 것이다. 하지만 최근에 몇 가지 취약점이 드러나면서 논란이 되고 있다. 해킹당하는 사례가 확인되면서 가장 큰 장점이었던 보안 부분에서도 가상통화에 대한 우려가 커지고 있다.

그럼에도 불구하고 암호화폐는 점차 진화할 것이며 점차 화폐의 개념을 바꿔놓을 것이다. 따라서 무모한 규제나 무관심보다는 국가 차원에서 어떻게 보완할 것인지에 초점을 맞춰 지속적인 관심을 가져야 한다. 블록체인 기술이 발전해가고 있으니 가상통화의 열기는 쉽사리 식을 것 같지 않다. 4차 산업혁명 시대를 맞아 다양한 장점을 지닌 암호화폐가 어떻게 발전해나갈지 지켜봐야 한다. 생각이 달라지면 변화가 보일지 모른다. 어쩌면 지금껏 알지 못했던 기술이 보이거나 새로운 가치가 떠오를 수도 있다. 바야흐로 이제는 새로운 세상, 관찰의 시대에 접어들었다.

한편, 암호화폐를 투자 측면에서 주식과 많이 비교한다. 원리가 유사하기 때문이다. 미래 수익원을 현재 시점으로 자본화하는 것은 의문스러울 수밖에 없고, 미래의 금융이 어떻게 흘러갈지 예측하기란 불가능하지만, 그렇다고 현재의 상황을 부정적으로 볼 수만은 없다. 현재 한국과 미국을 비롯한 여러 나라에서 암호화폐 거래소가 운영되고 있다. 암호화폐의 가격은 마치 금처럼 수요에 따라 매일 달라진다. 전통적인 관점에서 봐도 앞으로 암호화폐가 통용화폐로 사용될 가능성이 없진 않다. 정부 차원에서의 적절한 규제는 필요하겠지만 미래의 화폐로 사용될 수 있으려면 무엇보다 제도권 내에서의 관리가 필요하다.

돌이켜보면 물물교환 대신 화폐를 사용하기 시작했을 때, 신용카드가 처음 등장했을 때에도 약간의 사회적 충격은 있었지만, 사람들은 곧 시대의 흐름에 적응했다. 가상통화 또한 지금은 낯설게 느껴져도, 사람들은 점차 새로운 화폐 단위인 암호화폐에 적응하면서, 그로 인한 경제적 이익을 추구하기 위해 부단한 노력을 기울일 것이다.

이 책이 암호화폐 투자를 위한 지침서는 아니다. 가상통화의 시대를 맞아 앞으로 직면할 사회적 변화에 어떻게 대응하면 좋을지 틈틈이 남겨둔 메모의 묶음이다. 암호화폐는 부정하거나 무시한다고 해결될 일이 아니다. 지금은 불확실성의 덩어리인 암호화폐가 점차 기술 발전을 거듭하여 우리 사회에 어떤 모습으로 정착하게 될지 관심을 갖고 지켜봐야 할 시점인 것만은 분명하다.

2018년 봄

이 원 재

제1장

어제와 오늘, 그리고 미래

1. 잠시 되돌아보는 화폐 이야기

화폐란 무엇인가

　　　　　　　　　문득 갑작스럽게 떠오른 의문이지만 화폐가 무엇이었는지 다시금 돌이켜 생각해보자. 실제로는 화폐이지만, 통화라고 불리기도 하기 때문에 일상에서 사용하고 있는 언어로는 구별하기가 모호하다. 정부가 암호화폐에 관한 입장을 발표했을 때 일각에서는 암호화폐를 인정하는 것이 아니냐는 견해도 있었지만 실제로 그런 말은 한마디도 없었다. 단지 암호화폐 실명거래제를 실시한다는 정도였다.

　이제는 암호화폐 거래 때는 거래소에서 지정한 은행에서 본인 명의의 실명계좌만 이용할 수 있고, 거래 과정에서 일정 금액 이상의 액수가 오갈 경우 신고를 해야 한다. 만약 결제 수단으로 사용할 수 있고, 어느 정도 자산가치를 가질 수 있다고 말했다면 어땠을까. 대부분의 사람들은 머잖아 화폐로서 인정하게 되는 것이 아니냐고 받아들였을 것이다. 현시점에서는 암호화폐를 화폐로 불러도 되는지 의문이다.

그러나 법적 근거는 차치해두고 과연 암호화폐가 화폐로서의 기능이 있느냐 하는 관점에서 보면 그 나름대로의 기능을 가지고 있다고 해도 지나친 말이 아니다. 일반적으로 화폐에는 세 가지 기능이 있다고 한다. 결제, 가치 척도, 그리고 가치 보존의 기능이다. 먼저 결제 기능이란, 상품을 구매할 때 그 대금을 지불하는 데 사용할 수 있다는 것이다. 가치 척도 기능이란 물건의 가치를 가격으로 표시할 수 있다는 것이다. 그래야 이것보다 저것이 훨씬 싸다거나 혹은 비싸다거나 하는 식으로 비교할 수 있기 때문이다. 가치 보존 기능이란 화폐가 삭거나 변형되지 않아야 한다는 것이다.

오래전 원시시대의 인류는 물물교환을 했다. 그들에게도 자신의 물건을 평가하는 가치 기준이 있어서, 한 아름의 농작물이 싱싱한 물고기 몇 마리만큼의 가치가 있을 거라는 식으로 판단하여 서로 현물을 교환했다. 그렇게 교환한 물건이 제대로 활용되기도 전에 만약에 썩거나 삭아버린다면 그 가치는 소멸되고 말 것이다. 그래서 썩거나 삭지 않게 보존하는 것도 중요한 일이었다.

그 외에도 물물교환에는 불편한 점이 많았다. 소 한 마리와 물고기 한 마리를 바꿀 수는 없고 그렇다고 멀쩡한 소를 물고기와 교환하기 위해 자르기는 것도 무리였다. 그래서 탄생한 것이 소위 상품화폐, 즉 물품화폐이다. 필요한 물건이 있으면 곡물이나 소금, 가죽, 직물, 금이나 은 같은 것과 교환하는 것이었다. 소지하기 편리하고 잘 변하지 않으며 쉽게 나눌 수 있어서다.

화폐의 역사

물물교환에서 시작하여 점차 현물 대신 돌이나 조개껍데기 등으로 바뀌고, 나아가 금, 은, 동 같은 금속에 가치를 넣어 교환하게 된 것이 화폐의 발전 과정이다. 이렇게 등장한 금속화폐는 견고하고 희소가치가 있으며 보관과 운반에 용이했다.

그런데 금화나 은화를 만들 때 함량을 속이는 경우가 빈번했다. 금화를 제조할 때는 함량을 줄이면 훨씬 더 많은 금화를 만들 수 있으니까 구리 같은 불순물을 넣기도 했다. '악화는 양화를 구축한다'라는 그레셤의 법칙(Gresham's law)은 16세기 영국의 금융업자이며 상인으로서 엘리자베스 여왕의 고문이었던 그레셤(T. Gresham)의 이름을 따서 붙여진 것이다. 금화에 구리를 섞어서 주조하면 사람들은 금 함량이 높은 양화(良貨)는 내놓으려고 하지 않고, 반대로 금 함량이 낮은 악화(惡貨)는 재빨리 거래에 사용하게 된다는 데서 나온 이론이다. 결과적으로 시장에서 양화는 사라지고 악화만 남게 되어 점차 거래는 위축되고 만다는 것이 그레셤의 법칙이다.

17세기까지는 금화, 은화, 동화가 같이 사용되었지만 이후에는 금화가 널리 쓰였다. 그런데 대량의 금화는 보관도 쉽지 않을뿐더러 분실의 우려가 있고 휴대하기도 불편했다.

그래서 이번에는 그 취급증을 발행해서 그것으로 거래하게 되었다. 이것이 태환지폐(兌換紙幣)의 시작이다. 1640년경 영국 런던의 귀금속 세공업자(Goldsmith)들은 고객들에게 금을 맡아두고 지금의 어음 같은 보관증인 골드스미스 노트(Goldsmith's Note)를 발행해주었다. 사람들은 이 보관증을 금화 대신 거래에 사용했고, 보관증을 골드스미스에게 가져가면 언제든지 금으로 바꿀 수 있었다. 골드스미스 노트가 발전하여 지권(紙券)이 되었으며, 골드스미스들의 역할이 나중에 은행으로 발전하였다.

지폐가 사용되던 초기에는 골드스미스가 그랬던 것처럼 은행은 보유하고 있는 금의 양만큼만 지폐를 발행할 수 있었다. 그래서 초기의 지폐는 은행에 가져가면 언제든지 금으로 바꿀 수 있는 태환지폐였다. 금을 담보로 지폐를 발행하는 사용하는 화폐제도를 소위 금본위제(金本位制)라고 한다.

그러나 1971년 미국이 금 대신 달러로 바꿔주는 태환 정책을 선언하고, 금본위제는 막을 내렸다. 그 직접적인 요인은 미국이 1950년대의 번영을 거쳐 점차 경기에 어두운 그늘이 생기자 다양한 사회적 구조의 왜곡이 표면화되기 시작하였기 때문이다. 그래서 미국 행정부는 달러를 풀면서 경제 문제를 해결할 수밖에 없었다. 1944년의 협약대로 국제부흥개발은행(IBRD)과 국제통화기금(IMF)을 설립하여 금 1온스에 미화 35달러로 미국과의 교역국들에게 태환해주고 대신 달러를 무한정 발행할 수 있게 되었다. 금 혹은 은에 대한 태환이 보증되어 있던 태환지폐와는 반대 의미의 불환지폐(不換紙幣)인 셈이다.

동양에서는 기원전 3세기경 최초로 중국을 통일한 진(秦)나라 시황제(始皇帝)가 둥근 모양 가운데 네모나게 구멍이 뚫린 형태의 청동화폐를 만들었다. 둥근 원은 하늘이고 네모난 구멍은 땅을 상징했다. 진나라부터 전한(前漢) 시대까지 사용한 이 '반량전(半兩錢)'이라는 화폐가 동양 화폐의 원조다.

그리고 고려(高麗) 성종(成宗) 15년(996)에 우리나라 최초의 주화인 '건원중보(乾元重寶)'가 주조되었다. 건원중보는 철전(鐵錢)과 동전(銅錢)의 두 종류가 있었으며, 중국의 '건원중보'와 구별하고자 뒷면에 '동국(東國)'이라는 글자를 넣어 표시했다. 그러나 이 금속화폐는 널리 사용되지 못했다. 그래도 차츰 화폐의 중요성이 높아지자 숙종(肅宗) 2년(1097)에 주전관(鑄錢官)을 설치하여 화폐를 만들었다. 여기서 은으로 주조한 '은병(銀瓶)'이 만들어졌고 숙종 7년(1102)에는

한국 최초의 주화 '건원중보'

'해동통보(海東通寶)'가 발행되었다. 하지만 이때까지도 동전이나 은병 등은 상류층에서만 쓰이는 화폐였고, 평민들은 여전히 쌀이나 포(布)로 필요한 물건을 교환했다.

고려 말에서 조선조 태종(太宗) 때까지는 우리나라 최초의 지폐인 '저화(楮貨)'가 발행되어 사용되었다. 세종 5년(1423)에는 조선 최초의 동전인 '조선통보(朝鮮通寶)'가 나왔지만 이것 또한 많이 쓰이지 못했다. 임진왜란 이후 상공업이 발달하면서 인조(仁祖) 11년(1633)부터 조선 후기까지 '상평통보(常平通寶)'가 널리 사용되었다. 당시 유일한 법화(法貨)로 채택되어 유통된 명목화폐로서 전국적으로 쓰인 최초의 화폐였다.

정조(正祖) 때 박지원(朴趾源)이 청나라를 다녀와서 저술한 연행일기(燕行日記)인 『열하일기(熱河日記)』에 의하면 청나라와 무역할 때 인삼이나 우황, 수달피 등을 지불 및 교환수단으로도 사용했다고 한다. 그 기록을 보면 조선 후기까지도 상품화폐가 사용되었음을 짐작할 수 있다.

우리나라에서 현대식 화폐의 시작은 1862년 경복궁 중건에서 비롯되었다. 당시 외척 세력에 밀려 추락한 왕실의 존엄과 권위를 회복하기 위해서 대원군이 경복궁을 중건했다. 중건에 필요한 자금은 원납전((願納錢)의 형태로 기부받았지만 그래도 공사비가 부족하자 동전 하나당 상평통보의 백 배 가치가 있는 '당백전(當百錢)'을 발행했다. 고액의 화폐가 발행되자 물가는 폭등했고, 급기야 외국 화폐까지 유입되어 유통되기 시작하자 대한제국 초대황제 고종(高宗) 20년(1883) 7월 5일에 경성전환국(京城典圜局)이 설치되었다. 신식 화폐를 제조하려고 설치한 관청이지만 제조 기술이 부족하고 자재 조달이 어려워서, 1892년 동전의 원료인 동(銅)의 수입과 운반이 용이한 인천으로 이전하여 그해 11월부터 근대식 화폐를 제조하기 시작했다. 그러나 상평통보 한 가지 주화만 사용하던 조선조 사회에서 갑자기 15종이나 되는 화폐를 사용하려 하자 이용하는 사람이 많지 않았다. 게다가 화폐를 만드는 기술은 물론 국가 재정까지 부족하여 충분한 수량을 맞추기도 어려웠다.

화폐의 종류와 암호화폐

돈이 무엇인지 모르는 사람은 없지만 그래도 우리가 사용하는 화폐가 어떤 것인지 알고 있는 사람은 그다지 많지 않다. 예를 들어 지폐는 마치 종이처럼 보이지만 목화솜과 비단을 섞어 튼튼하게 짠, 일종의 면섬유다. 제조원가는 현재 5만 원권 지폐가 약 200원, 1만 원권과 5,000원권은 150원 정도이고, 1,000원권은 100원을 밑도는 것으로 알려져 있다. 이런 화폐를 보통 명목화폐라고 부르며 실제 가치와는 상관없이 화폐에 새겨진 액면가에 따라 평가되어 유통된다. 반면에 물품화폐는 원시시대 물물교환을 하던 가축이나 곡물 등과 같은 일종의 상품화폐로, 실제 가치에 따라 통용된다. 오늘날 대부분의 국가에서 사용하는 것이 명목화폐이다.

　실제 가치가 고작 200원 안팎에 불과한 지폐가 1만 원, 5만 원권으로 유통될 수 있는 것은 각 국가의 중앙은행이 발행하여 보증하고 있기 때문이다. 그리하여 이러한 화폐를 법에 따라 발행하고 보증한다고 해서 법정화폐라고 부른다. 오늘날 전 세계에서 발행되는 지폐가 모두 법정화폐인 셈이다.

　오늘날 각국의 중앙은행은 보유한 금의 양과 상관없이 원하는 만큼 지폐를 발행하며, 지폐를 은행에 가져가도 금으로 바꾸어주지는 않는다. 지금의 원화나 달러 모두 불환지폐이다. 중앙은행의 신용에 의해 유통되는 지폐라고 하여 신용지폐라고도 불린다. 현재 일반적인 유통화폐는 모두 불환지폐이다. 통화관리제도에 의해 통화 공급량이 조정되고 신용을 유지하고 있기 때문에 태환 없이도 안정적인 가치로 유통될 수 있다. 그러나 불환지폐의 남발은 인플레이션의 요인이 된다.

　세계 여러 나라에서 겪는 경제 침체의 이유도 점차 세계적으로 확대해가는 자본 거래와 국경을 넘은 투자 활동, 그리고 다국적기업의 증가에 있다. 뿐만 아니라 날로 팽창해가는 경제구조 속에서 낡은 화폐 체제를 더 이상 유지할 수 없는 것도 하나의 요인이다. 그러나 지금의 화폐 체제가 최적이라고 말할 수는 없지만 현시점에서는 그 이외에 선택지가 없다는 것이 문제이다. 그런데 어느 날 갑자기 출현한 가상통화라는 상상을 뛰어넘는 독특한 방식이 어디까지 발전할지 지금으로서는 단언할 수 없다.

실제로 중국이나 러시아가 자국의 암호화폐 발행을 검토하고 있을 뿐만 아니라 영국과 네덜란드, 캐나다 등도 적극적으로 발행을 검토하고 있다. 표면적으로는 위조지폐 방지 내지 자금 세탁이나 탈세의 대책이라고 말하지만 실상은 그것만이 아니다. 화폐의 발행은 개별 국가에 있어서 최상의 기득권이기 때문에 암호화폐의 출현이 달갑지만은 않을 것이다. 그래서 자신들의 특권을 지키기 위해서라도 현 상황을 국가들이 면밀히 주시하고 있는 실정이다.

최근 짐바브웨와 그리스의 경제 위기가 시작되자 피난화폐로서 비트코인(Bitcoin : BTC)이 현저한 가격 상승을 보였다. 자산의 피난처로서 암호화폐가 선택됨으로써 국가보다는 암호화폐 쪽에 더 큰 신뢰가 간다고 생각하는 사람이 그만큼 많다는 것을 단적으로 보여준다. 지금도 비트코인 가격이 등락을 거듭하긴 해도 여전히 상승하고 있고, 2017년 12월에는 국내에서 코인당 2,500만 원을 돌파한 적도 있다. 불과 1년 전과 비교하면 20배 이상의 가격이다.

생각해보면 과거 사용되었던 금화(金貨) 또한 암호화폐와 같은 성질을 가지고 있었다. 원래 금본위제에서 금(金)은 물건이란 개념에서 시작되었다. 그리고 취급된 금에 대한 증서를 발행했던 것이 결국 금이라는 것의 개념 변화를 가져온 것이다.

미국이 금본위제를 포기한 이래 지금의 화폐에는 기본적으로 그 어떤 가치의 뒷받침도 되어 있지 않다. 그래서 매순간 가치가 등락해도 국가가 보증하고 있으니까 유지되고 있을 뿐이다. 그것이야말로 실로 실체가 없는 암호화폐 그 자체라고 말할 수 있다. 사실 법정화폐는 암호화폐와 유사한 일면이 있다. 모두 무(無)에서 유(有)를 창출했기 때문이다.

2. 현금 없는 캐시리스 사회

요즘은 지갑에 현금을 넣고 다니기보다는 신용카드 한 장만으로 충분한 시대다. 신용(信用)이란 어느 날 갑자기 생겨난 것이 아니다. 신용(Credit)이라는 단어는 믿음 혹은 신뢰를 의미하는 라틴어 크레도(Credo)에서 유래하였으며 3,000년 전의 이집트 사람들은 이미 신용으로 물품을 구매했다. 신용은 일반적으로 사람을 신뢰 또는 신임한다는 뜻으로 사회생활에 있어서 인간관계를 보다 원활하게 이어주는 기본이 된다.

경제용어로서의 신용은 한마디로 채권이나 채무 관계를 내용으로 하는 인간관계를 가리킨다. 그리고 상품이나 물품을 매매하거나 거래할 때 그 대가를 지급한다거나 또는 금전을 대차한다는 의미이다. 신용은 점차 상품의 생산과 유통이 발달함에 따라 필연적으로 나타나는 현상이다. 그래서 신용은 국가의 발전과 더불어 급속히 확대되어 현대사회에서 인간관계의 중요한 요소가 되었다.

최초의 신용카드

신용카드를 최초로 만든 사람은 시카고의 사업가 프랭크 맥나마라(Frank McNamara)였다. 그가 뉴욕 맨해튼의 어느 레스토랑에서 저녁식사를 하게 되었는데, 하필이면 지갑을 호텔방에 두고 나오는 바람에 낭패를 당한 것이 동기가 되었다. 이후 많은 사람들이 한 번쯤 자신과 비슷한 경험을 겪었다는 것을 알게 되자 친구였던 변호사 랠프 슈나이더(Ralph Schneider)와 함께 1950년에 신용카드를 창안했는데, 이것이 바로 세계 최초의 신용카드인 '다이너스 카드(Diners Card)'의 출발이다.

프랭크 맥나마라는 나중에 같은 음식점을 다시 방문하여 손수 만든 '다이너스클럽 카드'를 내밀고 "앞으로는 식사한 뒤 여기에 사인을 하고 나중에 한꺼번에 지불하겠다"고 하였다. 그러자 식당측도 그의 신용을 믿고 흔쾌히 제안을 받아들였다고 한다. 이후 그는 200여 명의 친지와 친구들에게 카드를 나눠주고 가맹 식당도 14개로 늘렸다. 이것이 지금의 시티그룹 소유인 다이너스 카드의 효시이다. 신용카드의 원조 '다이너스클럽 카드(Diners Club Card)'의 명칭은 글자 그대로 저녁식사(Dinner)에서 유래된 다이너(Diner)와 동료 또는 멤버십의 의미를 담고 있는 클럽(Club)이란 말이 결합하여 만들어졌다.

이후 신용카드 발급자가 사용자에게 돈을 빌려주고 상인에게 돈을 지불받는 형태의 현대식 신용카드들이 급속하게 발전하였다. 1958년에 뱅크 오브 아메리카(Bank of America : BOA)가 최초의 대중적 신용카드를 발행하였다. '뱅크 오브 아메리카' 카드는 나중에 비자(VISA) 시스템으로 발전하였으며, 1966년에는 신용카드를 발급하는 은행 그룹이 마스터카드(Mastercard)를 설립하였다. 전쟁이 끝난 후 경제가 급속 성장하자 여러 선진국에서 신용카드 시스템을 이용하기 시작했지만 신뢰할 수 없는 특정 개발도상국의 은행 시스템 때문에 전 세계적인 신용카드 시스템의 도입은 여전히 지연되고 있다.

한국에서 처음 등장한 플라스틱 신용카드는 플라스틱 판 표면에 회원의 이름과 회원번호 등의 정보를 양각(陽刻)시킨 형태였다. 표면에 글자와 그림을 볼록하게 새기는 것을 영어로 엠보싱(Embossing)이라고 해서 엠보싱 카드라고 불렀다. 1969년 국내 최초로 나온 '신세계백화점카드'가 바로 엠보싱 카드다. 카드는 회사와 관련된 일부 사람에게만 소량 발급되었고, 사용처도 해당 백화점에 국한됐기 때문에 현재 사용되는 신용카드와는 차이가 있었다. 그래도 소지자에게 외상으로 물건과 서비스를 팔고 나중에 지불받았던 만큼 국내 최초의 신용카드로 인정받고 있다.

최근 한국 최초의 인터넷 전문은행, 케이뱅크(K-bank)가 설립되었다. 인터넷으로만 거래할 수 있어서 지점이나 통장도 없는 대신 개인용 컴퓨터(PC)나 스마트폰을 통해 거의 모든 은행 거래를 할 수 있다. 개장한 지 불과 사흘 만에 가입자가 10만 명을 넘었으며 예금만 730억 원, 차용금이 410억 원이나 되었다고 한다. 인터넷 전문은행은 지점을 운영하지 않고 직원의 임금조차 들지 않아서 시중은행보다 운영 비용이 상대적으로 저렴하다. 그래서 예금이자는 시중은행보다 높고 대출이자도 낮출수 있다. 또한 영업시간도 연중무휴라 하루 24시간 언제든지 은행 업무를 볼 수 있다.

한국에서도 현금 없는 사회에 대한 논의가 진전되고 있다. 기술 발전에 따라 현금보다 신용카드나 직불카드, 모바일 결제 서비스 사용이 늘면서 비현금 지급 수단이 소비문화의 중심으로 떠올랐기 때문이다. 한국은행에 따르면 국내에서 이용 비율이 가장 높은 지급 수단은 신용카드로, 현금의 이용보다 무려 네 배 정도 높다. 2017년 현금 이용률이 13.6%인 데 비해 신용카드 54.8%, 체크와 직불카드 16.2%로 총 이용률이 무려 71.0%였다. 여기에 계좌이체 15.2%, 선불카드 0.3%, 그리고 전자화폐 0.2% 까지 더하면 비현금 지급 수단 이용률은 86.7%까지 늘어난다. 경제협력개발기구(OECD) 주요국과 비교해도 한국의 비현금 이용 비율은 상당히 높은 편이다.

현금이 없는 나라, 스웨덴

특별한 경우이긴 하지만 현재 거래에 있어 현금결제가 단 2% 정도인 소위 현금 없는 캐시리스(Cashless) 사회가 도래한 국가도 있다. 흥미롭게도 오늘날 지구상에 그런 국가가 존재한다. 스웨덴에서는 현재 전자크로나(e-Krona)라는 독자화폐를 스마트폰으로 거래하는 결제 방법이 주류가 되어 있으며, 법정화폐인 크로나(Krona)에 의한 거래는 약 2% 정도라고 한다. 예를 들어 여행자가 스웨덴의 카페에서 커피 한 잔을 마시려 해도 현금은 취급하지 않고 신용카드나 스마트폰 송금으로만 가능하다는 말을 다반사로 듣는다. 2013년에 스톡홀름의 어느 은행에 강도가 들었는데 현금이 없어 빈손으로 나왔다는 일화가 사람들 입에 오르내릴 정도다.

스웨덴에서는 그동안 소매점에서 현금으로 결제하는 비율이 2010년 40%에서 2016년 15%로 급격히 떨어지다가 지금은 2%로 하락한 상태다. 국가가 정책적으로 캐시리스 확대에 돌입하자 눈 깜짝할 사이에 법정화폐가 무용지물이 된 것이다. 전자크로나는 법정화폐인 스웨덴 크로나와 1대 1로 교환할 수 있다. 다시 말해 전통적 법정화폐가 디지털로 완전히 대체된 것이다. 사회적으로 봐서 엄청난 혁신이며 변화다.

전자크로나에는 블록체인 기술이 사용되지 않는다. 기반이 되는 앱(App)은 스웨덴의 주요 은행 6곳이 공동 개발한 결제 모바일 애플리케이션 스위시(Swish)다. 휴대전화와 개인 인증만으로 자신의 은행계좌에서 간단히 지불이나 송금이 실행된다. 비트코인 같은 암호화폐와는 구조가 조금 다르지만 국민의 98%를 캐시리스로 만들 수 있었던 것은 아이부터 노인까지 누구나 간단하게 사용할 수 있도록 앱을 만들었기 때문이다. 스마트폰만 있으면 언제라도 모든 거래가 가능하도록 되어 있다. 일설에 의하면 거지도 캐시리스로 적선하기를 원한다고 할 정도다. 얼마나 간편하냐면 전화번호를 사용하여 송금하는 구조이므로 전화번호를 누르는 것과 같다. 마치 공상과학 영화의 장면인 것 같지만 당면한 현실이다.

스웨덴에서 캐시리스가 큰 문제 없이 안착하게 된 배경에는 기존 화폐인 크로나와 1대 1로 가치가 교환되도록 만들었기에 변동률에 대한 불안감이 없었고, 앱이 사용자 편의 중심으로 만들어져 누구든 손쉽게 사용법을 숙지할 수 있었다는 요인이 있다. 스웨덴도 애초에 국가 차원에서는 이 같은 방향으로 진행하면 혹시 자국 화폐의 가치가 폭락하지 않을까 불안해했다. 한편으로 암호화폐 같은 전혀 다른 형태의 가상통화로 캐시리스 사회가 이행되지 않을까 우려하기도 했다. 하지만 국민들은 보다 편리하고 안심할 수 있는 캐시리스이므로 별도의 암호화폐를 사용할 필요가 없다고 생각했던 것 같다. 국가 차원의 혁신적인 금융 개혁을 실시했다는 점에서 매우 획기적이며 독창적인 발상이었다.

그래도 문제가 없진 않다. 모든 소매 거래에서 현금이 사라지고 스위시만 사용된다면 민간 자본이 수수료를 크게 올릴 가능성도 배제할 수 없다. 또한 결제 네트워크에 사고가 발생하여 일순간에 모든 거래가 마비될 위험성도 배제할 수 없다. 그래서 중앙은행은 앞으로 도래할 현금 없는 사회의 대안으로 전자크로나를 적극 활용하고 있다.

전자크로나는 한마디로 국가의 중앙은행이 발행한 화폐(Central Bank Money)이자 현금에 대한 보완물이다. 또한 비트코인과 달리 익명성을 보장하지 않고 소유자에 대한 신원 추적이 가능하며 가치 변동도 크지 않도록 관리되고 있다. 점차 전자크로나가 공공 차원에서 광범위하게 사용되겠지만, 반드시 블록체인 기술을 활용한 암호화폐일 필요는 없다. 어떤 기술을 사용하느냐 하는 문제는 중요하지 않으며, 시중은행이나 신용카드사의 서비스를 이용하지 않고 중앙은행이 발행한 암호화폐를 마치 교통카드처럼 사용하겠다는 것이 본질이다.

현금 결제가 많았던 일본

일본은 아직도 현금 결제가 80%를 차지하는 나라다. 신용카드 결제는 물론 모바일 결제 서비스가 미국이나 중국 등에 비해 그다지 많지 않아 신용카드 불모지로 꼽히는 국가 중 한 곳이다. 하지만 최근 들어 곳곳에서 변화가 나타나고 있다. 2017년 처음으로 전체 결제 가운데 현금 비중이

50% 이하로 떨어졌다. 정부가 지속적으로 현금 없는 캐스리스 사회로 가기 위한 정책을 추진했기 때문이다.

이러한 추세에 발맞춰 애플(Apple) 사가 개발한 스마트폰을 이용한 모바일 결제 방식인 애플페이(Apple Pay)와 라인(LINE)의 현지 법인에서 서비스하는 라인페이(LINE Pay) 등 글로벌 정보기술(IT) 기업들이 적극적으로 나서고 있다. 일본이 스마트폰 등을 사용한 전자결제 서비스의 이용이 국제 사회에 비해 많이 늦었지만, IT의 진전과 일손 부족 등을 배경으로 변화가 일어나고 있는 것이다.

일본은행에 따르면 일본의 현금 유통량이 명목 국민총생산(GDP)에서 차지하는 비율은 2015년에 19.4%였다. 다른 나라에 비해 압도적으로 높은 수준이며, 스웨덴의 1.7%와 비교하면 약 11배에 이른다. 한국과 비교해도 3배 가까이 높다. 하지만 최근 들어 현금성 결제 수단 사용이 점점 축소되는 추세다. 개인 소비에서 현금성 결제 수단은 2011년 현금 56%, 계좌이체 24%인 총 80%에서 2016년 현금 49%, 계좌이체 18.6%인 총 67.6%로 줄었다. 반면에 비현금성 결제는 같은 기간 14.5%에서 23.5%로 증가했다. 결재 수단이 현금에서 신용카드와 직불카드, 전자화폐 등으로 옮겨갔다는 얘기다. 특히 신용카드 결제액은 점차 증가하는 추세다.

이 같은 흐름은 지난 2014년 정부가 '비현금화를 위한 방안'을 발표한 이후 나타났다. 공공요금의 전자납부 활성화를 비롯하여 안전한 카드 결제 환경 조성, 카드 결제의 편의성 향상 등이 주요 목표였다. 캐시리스가 정착되면 금융기관 창구나 현금자동입출금기(ATM) 등 현금을 관리하고 운반할 수단이 줄어들고 분실 리스크 등도 현저히 낮아진다. 또한 사용 기록이 전자 데이터로 남기 때문에 자금 관리 수단으로도 손쉽게 활용할 수 있다. 무엇보다도 지하경제가 활성화된다는 점에서 캐시리스에 의한 사회적 편익은 증대될 것이다.

중국의 간편한 모바일 결제 시스템

중국은 특히 모바일 결제의 비중이 높다. 중국의 대표적인 온라인 결제 시스템인 알리페이(Ali pay)와 위챗페이(WeChat Pay) 등을 이용한 모바일 결제가 일상화되어 있기 때문이다. 2014년 1조 6천억 달러이던 모바일 결제 금액이 2017년에 들어서 32조 5천억 달러, 환화 약 3경 2천조 원으로 무려 30배에 육박하는 증가세를 보였다. 중국의 인구 13억 7천만 명 중에서 약 8억 명 이상이 사용한다고 하니 규모 면에서 보면 미국 등을 제치고 단연 세계 1위다. 중국의 모바일 결제 시스템은 QR코드만 찍으면 되는 매우 간편한 방식이다. 상점에 단말기를 설치해야 하는 애플페이 등과 비교해도 비용이 적게 든다. 그래서 아직 결제 시스템이 잘 갖춰지지 않은 인도나 인도네시아 등의 신흥국에서도 중국의 모바일 결제 시스템을 선호할 정도다. 여기에 덧붙여 한해 약 1억 3천만 명이 넘는 중국인 해외 관광객들은 중국식 모바일 결제를 세계에 알리는 첨병 역할을 톡톡히 하고 있다.

에스토니아와 싱가포르

스웨덴 이외에도 현금 없는 캐시리스 사회로 이행하고 있는 국가가 있다. 북유럽의 에스토니아공화국은 현재 자금 흐름을 모두 국가의 시스템에 넣고, 전 국민의 신분증(ID) 관리를 블록체인화하는 작업을 진행하고 있다. 앞으로 몇 년 후면 완성될 것으로 보인다.

싱가포르에서는 암호화폐를 비롯하여 신용카드와 모바일 앱을 통해서만 결제할 수 있는, 현금 없는 카페 '두카투스(Ducatus)'가 2018년 1월에 영업을 개시했다. 암호화폐 채굴기업 두카투스 글로벌이 운영하는 이 카페는 현재 자체 개발한 암호화폐 '두카투스 코인(Ducatus coin)'을 결제 수단으로 받는다. 싱가포르에서 첫 출시된 두카투스 코인은 개당 0.10~0.13싱가포르달러에 거래되고 있다. 옥슬리타워에 위치한 이 카페가 만들어진 이유는 자신들의 코인을 알리기 위해서라지만, 비트코인을 비롯한 암호화폐를 상용화하려는 목적도 있다고 한다. 카페의 내부 한쪽에는 암호화폐 전용 ATM이 설치되어 있기 때문에 고객들은 차를 마시면서 비트코인이나 이더리움 같은 암호화폐를 현금으로 거래할 수 있다.

　1800년대 중반 영국에서 최초의 현대적 지폐를 도입한 뒤 지폐 없는 경제성장을 생각할 수 없었듯이 앞으로는 지폐로 인한 경제성장은 생각조차 하기 힘들어질 것이다. 개인 간 거래(Peer to Peer : P2P) 방식의 플랫폼을 기반으로 한 모바일 뱅킹과 블록체인 기술 같은 핀테크(FinTech) 산업의 성장에 의해 가상통화의 시대가 열려 암호화폐와 같은 새로운 형태의 화폐가 출현한 것은 당연한 결과다.

3. 전망 부재 시대의 은행

함무라비 법전에 규정된 은행 업무

바빌로니아는 기원전(BC) 4000년경부터 바빌론 지역에서 발달한 문화권을 총칭하는 말이다. 바빌로니아의 수메르인은 최초의 문자체계인 설형문자(楔形文字)를 만들었고 가장 오래된 법전을 편찬하였으며 원시 거주지를 도시국가로 발전시켰다. 또한 화로와 범선을 발명하고 문학과 음악, 건축양식 등을 창안했다. 바빌로니아를 가장 거대한 제국으로 만든 왕은 제1왕조의 제6대 왕 함무라비(Hammurabi)였다. 그는 도시국가들의 연합을 유도하고 과학과 학문을 발전시켰으며 현대 인류사에서 가장 오래된 법령으로 꼽히는 '함무라비 법전(Code of Hammurabi)'을 만들었다.

이 법전에는 재산을 맡기고 이자를 주는 것에 관한 조항이 있다. 이를 바탕으로 사유재산이 생길 때부터 원시적 은행이 등장한 것으로 짐작된다. 즉 예금과 대출, 지급 결제와 유사한 지금의 은행 업무는 바빌론 시대부터 행해져왔던 것이다. 이것이 근대적 은행 형태로 체계화된 것은 14~15세기 북부 이탈리아에서다.

이탈리아와 영국에서 시작된 근대적 은행

피사공화국(Repubblica di Pisa)의 피보나치(Fibonacci)는 1202년에 『산술책(liber Albaci)』을 발간하여 1~진법의 힌두-아라비아 숫자 체계를 유럽에 소개했다. 그러자 환전 비용과 이자 계산, 거래 실적 정리 등이 과거 로마자 셈법으로 할 때보다 훨씬 간단해졌다. 피사를 비롯한 피렌체와 베네치아 등 북부 이탈리아는 동방과 유럽 각 지역과의 중계무역지였다. 반면 교황청이 자리잡은 로마는 유럽 각 지역의 자금이 모이는 곳이었다. 그래서 이 지역은 환전 등 금융 수요가 많을 수밖에 없었다. 편리해진 계산법을 바탕으로 무역과 환전 등을 위한 금융이 발달한 이유다.

14~15세기에 걸쳐 유대인과 롬바르드인은 북부 이탈리아의 대금업과 환전업을 주도했고 점차 규모가 커졌다. 그러자 이탈리아인의 금융업 참여가 늘면서 근대적 은행의 형태로 발전하였다. 이 중 피렌체를 기반으로 한 메디치(Medici) 가문의 은행이 1300년대 말부터 빠르게 성장하여 르네상스 시대에는 유럽

의 대표적인 은행이 되었다.

북부 이탈리아에서 시작된 은행업은 현재 유럽의 은행 제도에도 여러 흔적을 남겼다. 당시 시장에서 환전이나 대출을 할 때 사용하던 탁자를 방코(Banco) 혹은 방카(Banca)라고 불렀는데 이것이 은행을 뜻하는 영어 단어 뱅크(Bank)의 어원이 되었다. 또한 중앙은행이 유가증권 등을 담보로 은행에 시장금리보다 조금 높게 단기로 대출해주는 방식을 롬바르드 대출(Lombard Lending)이라고 한다. 독일 등 유럽 중앙은행이 주로 사용하던 방법이었는데 현재는 한국을 포함한 여러 국가에서 채용하고 있다.

한편, 17세기 영국은 상업이 발달했고, 막대한 재산을 소유한 부자들은 현금이나 귀금속을 런던탑 내의 조폐국 창고에 보관했다. 1640년 영국 왕 찰스 1세는 재정 상황이 나빠지자 런던탑에 보관되어 있던 부자들의 돈과 귀금속을 몰수했다. 그러자 영국의 부자들은 안전한 보관 장소를 소유하고 있을 뿐만 아니라 신용 있는 금세공업자들(골드스미스)에게 귀금속을 맡기기 시작했다.

금세공업자는 돈이나 귀금속을 맡아주고 보관 증서를 발행했는데 이것이 유통되면서 지폐의 역할을 대신했다. 금세공업자는 맡아놓은 돈이나 귀금속의 일정 부분이 항상 잔액으로 남아있는 것을 알고 이것 또한 활용하게 되었다. 남아 있을 것으로 예상되는 잔액을 기초로 스스로 보관 증서를 발행하거나 자금이 필요한 사람에게 대출을 해주었다. 결과적으로 금세공업자가 예금뿐 아니라 대출 업무까지 하게 된 것이다. 그리고 시간이 지나면서 자신의 이름으로 은행권을 발행하고 지급 결제 업무까지 하는, 명실상부한 은행으로 발전하였다.

따라서 민간 부문의 근대적 은행은 이탈리아와 영국에서 각각 두 가지 형태로 진화했다고 볼 수 있다. 북부 이탈리아에서는 대금업과 환전업을 기반으로 근대적 은행업이 생겨났고, 영국에서는 돈과 귀금속의 예탁, 즉 예금을 기초로 한 은행업이 발전했다. 이러한 은행의 뿌리 때문인지 독일 등 유럽 국가는 예금과 대출을 취급하는 은행 형태의 금융기관을 통칭하여 신용공여기관(Credit Institution)이라고 한다. 이에 비해 영미국가는 예금취급기관(Depositary Institution)이라고 부른다.

중앙은행의 역사

중앙은행은 시중은행의 자금을 맡아주거나 빌려주는 국가의 대표적 은행을 말한다. 한국의 중앙은행은 한국은행(韓國銀行)으로 화폐를 발행하고 금리를 조정하여 시중에 거래되는 통화량을 조절한다. 시중에 자금이 너무 많이 풀리면 금리를 올려 거둬들이고, 부족하면 금리를 낮춰 더 풀리도록 만든다. 또한 정부에 필요한 돈을 빌려주거나 국가를 대표하여 외국과의 거래에 필요한 외화를 관리하기도 한다.

세계 최초의 중앙은행은 1609년에 설립된 네덜란드의 암스테르담은행(Bank of Amsterdam)이다. 시각에 따라서는 1661년 유럽에서 최초로 은행권을 발행한 스웨덴의 리크스방크(Riksbank)나 1694년 정부 대출을 위해 설립된 영국의 잉글랜드은행(Bank of England), 일명 영란은행(英蘭銀行)을 최초의 중앙은행으로 보기도 한다. 리크스방크는 현재 매년 노벨경제학상을 시상하는 곳이기도 하다.

한국에서는 아주 오래전부터 자발적으로 자금을 모아 필요한 사람에게 빌려주고 이자를 받는 계(稧)가 있었다. 예로부터 원시공동체적 상호부조의 성격을 띠고 자생적으로 발생, 유지된 형태로 두레나 품앗이보다 보편적이고 활발한 것이었다. 사실 기원도 불확실하고 종류가 다양하며 기능도 복잡하여 한마디로 정의 내리기 어렵지만 계원의 친목과 공동의 이익 등을 목적으로 일정한 규약을 만들어 운영했다.

고려 시대에 재산이 많은 사찰은 장생고(長生庫)를 설치하여 살림이 어려운 백성에게 일정액을 빌려주고 이자를 받는, 지금의 은행과도 같은 역할을 했다고 한다. 장생(長生)은 원래 재화(財貨)를 대부해주고 그 이자를 받음으로써 자본을 축적한다는 의미이고, 저장된 재화를 장생전(長生錢), 혹은 장생포(長生布)라고 하였다. 일찍이 중국에서 화폐경제가 발달하면서 장생고의 운영이 활발했는데 한국의 사찰에서 이를 채용한 것이다.

당시는 불교가 왕실과 귀족으로부터 적극적인 비호를 받아

경제적으로도 막대한 재화를 축적할 수 있었다. 그래서 사찰의 잉여재화를 자본으로 민간경제의 유통에 기여하는 동시에 경제적 발전을 도모하고자 장생고를 설치하였다. 중국에서는 이를 무진(無盡)이라 하였는데 일정한 돈이나 곡식을 자본으로 하여, 그것을 대여해주고 얻은 수입은 반드시 부처에게 바치거나 사찰 건물을 보수하는 데 쓰거나, 그리고 환자와 빈민들의 구제 사업에 쓰도록 했다.

조선 후기에는 객주(客主)가 은행 업무를 담당했다. 본래 객주는 상인들을 상대로 하는 숙박 업소였지만, 매매의 주선과 금융업까지 이곳을 중심으로 이루어졌다. 여러 형태의 객주 중에서 특히 환전객주(換錢客主)는 금융업을 전업으로 하는 객주였다. 대금 등 금융 업무는 일반 객주의 공통된 부업이었지만 환전객주는 대금 등 금융의 주선만을 전문으로 했다. 그러므로 그들의 자본은 상당한 규모였고, 특히 개성의 환전객주들은 상당한 거금까지 거래했다고 한다. 수산물 거래 같은 경우 거액의 자금이 선용금조(先用金條)의 객주 금융에 의존할 정도였다.

우리나라에 세워진 최초의 은행은 일제강점기 때 강화도조약에 의해 1878년 개설된 일본 제일은행(第一銀行) 부산지점이다. 이곳에서 1902년에 일본 대장성(大藏省) 인쇄국(印刷局)에서 발행한 1엔짜리 지폐를 시중에 유통시켰다. 또한 최초의 근대적 민간은행은 1897년에 설립된 한성은행(漢城銀行)이다.

1948년 대한민국 정부 수립 직후 근대적인 금융제도를 확립하고 통화신용 정책을 중립적이고 민주적으로 집행하기 위해 중앙은행을 설립하는 것이 무엇보다도 시급한 과제가 되었다. 1950년 5월에 한국은행법이 공포되었고 같은 해 6월 12일 우리나라의 최초의 중앙은행인 한국은행이 출범하였다.

금융 시스템과 암호화폐

현대 금융산업의 중심에는 은행이 있다. 은행은 예금과 대출, 지급 결제를 기본 업무로 한다. 이세 가지를 어떻게 적절하게 잘 수행하느냐에 따라 증권과 보험 등 다른 종류의 금융기관과 구분된다. 은행은 저축한 대가로 이자를 주거나, 자금이 필요한 사람이나 기업에 돈을 빌려주고 그에 따른 수익을 취한다. 따라서 당장 자금을 사용할 필요가 없는 사람은 은행에 돈을 맡겨 이자로 수익을 늘릴 수 있고, 한꺼번에 많은 자금이 필요한 소비자나 기업은 대출을 받아 자금 문제를 해결할 수 있다. 이처럼 자금을 예금과 대출을 통해 필요한 곳으로 옮겨갈 수 있게 도와주는 것이 은행의 중요한 역할이다. 그 과정에서 은행은 대출이자 등을 통해 수익을 얻지만, 그 외에도 세금이나 관리비 같은 공과금을 수납하거나 자동이체, 신용카드, 환전, 보험상품 판매, 재무 상담 등의 여러 업무를 겸하고 있다.

그런 은행이 가상통화 시대를 맞이하여 변화의 기로에 섰다.

전문가들은 암호화폐가 개발도상국일수록 확산되기 쉽다고 한다. 왜냐하면 그러한 국가일수록 체제 자체가 불안정해서 신용을 담보할 수 없다고 생각하기 때문이다. 자산 소유자는 언제라도 마음만 먹으면 자신의 자금을 암호화폐로 이동할 수 있다. 왜냐하면 은행계좌는 없어도 스마트폰은 가지고 있는 경우가 많기 때문이다. 지금은 불과 몇몇 북유럽과 아프리카 국가들의 사례지만 이들 국가에는 어떤 공통점이 있다. 한마디로 국가의 금융 시스템이 매우 단순하다는 것이다. 그에 반해 선진국들의 시스템은 매우 복잡하고 번잡스럽다. 그래서 국가가 나서서 암호화폐를 도입한다는 것 자체가 매우 어렵다. 그렇다고 해서 막연히 지켜보자는 태도 정도로는 당면한 문제를 해결할 수 없다.

실제로 한국에는 매우 뛰어난 금융 시스템이 구축되어 있다. 예를 들면 당일 은행 송금이 완료되는 것을 당연히 여긴다. 그러한 시스템이 가능한 나라는 그리 많지 않다. 미국조차 지방으로, 또는 계열 외 은행으로의 송금이 완료되는 데에는 며칠이 걸리는 것이 예사다.

한국이 암호화폐에 대해서만은 적극적이지 않은 이유는 여러 가지 있겠지만 애초부터 금융 시스템이 잘 갖추어져 있어 사용자가 그다지 큰 불편을 느끼지 않기 때문일 수 있다. 그렇지만 은행권의 구조적 과제나 국민이 체감하는 현실적 문제는 전혀 다른 것이다. 국제결제은행(BIS)에 따르면 한국은 2017년 6월 말 국내총생산(GDP) 대비 가계부채 비율이 93.8%로 역대 최고를 기록했다. 천문학적인 규모의 부채를 안고 양적 완화에 이어 조금씩 금리 상승을 이행해가고 있는 오늘의 한국에서 국가의 통제와 무관하게 나름의 가치를 담보할 수 있는 암호화폐의 거래가 급증하고 있는 것은 결코 우연히 아니다.

세계의 달러 중심 체제도 흔들리고 있다. 미국과 중국 간 마찰이 심화됨에 따라 일본에 이어 트리핀 딜레마(Triffins's Dilemma)의 결정적인 역할을 하던 중국이 점차 미국 국채를 매각하고 있다. 트리핀 딜레마란 스웨덴의 경제학자인 로버트 트리핀(Robert Triffin)이 처음 주창한 것으로 국제 유동성과 달러 신뢰성 사이의 상충 관계를 말한다. 규범과 체제가 흔들리면 관행과 경륜에 의존해야 바로잡을 수 있다. 하지만 국가나 기업 차원에서 보면 지금은 불안정의 전성시대다. 이유는 1990년대 후반의 높은 경제성장 속에서도 물가가 상승하지 않던 이상적인 경제 상태인 골디락스(Goldilocks)와 달리 전혀 예측하지 못한 새로운 길이 열리고 있기 때문이다.

불확실성이란 용어가 나온 지 40년이 지났고, 모든 경제 주체들이 그것을 극복하기 위해 부단한 노력을 해왔지만 오히려 더 깊은 불확실성에 빠져들었다. 한마디로 이전보다 심리적 요인이 더욱 커졌고, 거기에 가상통화 시대가 시작되면서 앞날을 예측하기가 더욱 힘들어졌다. 불확실성 시대가 무서운 것은 사전의 어떤 징후도 없이 어느 날 갑자기 큰 변화가 닥친다는 점이다. 규범과 관행에 의존하다 보면 과감한 개혁과 혁신을 할 수 없기 때문에 작은 변화에 안주하게 된다. 하지만 참고하거나 의지할 만한 규범과 관행이 없더라도 창의적이고 유연한 사고를 발휘하여 당면한 암호화폐 시대에 미래 생존을 위하는 차원에서 관심을 가져볼 수밖에 없다.

자본 거래에서 가장 중요한 요소가 신용인데, 지금까지는 은행과 신용평가사가 등급을 결정했기 때문에 신용에 대한 불확실성이 발생하면 쉽게 붕괴되기 쉬운 구조였다. 그런 점에서 비트코인은 분산화된 컴퓨터들의 신용 인증으로 지금보다는 믿을 수 있는 거래를 가능하게 한다.

150년 넘는 기간 동안 중앙집권화된 금융 시스템으로 인해 2008년 미국의 투자은행 리먼 브라더스(Lehman Brothers)의 파산으로 촉발된 세계 금융위기와 1997년 한국의 외환위기, 그리고 2015년 그리스 국가부도 사태 등이 잇달아 터졌다. 그리스의 경우 이러한 경제 위기는 1800년대 이후 무려 다섯 번째라고 한다. 암호화폐가 일반화되면 이러한 위험을 대비할 수 있는 것은 물론이고 생활이 보다 편리해질 것만은 분명하다.

은행은 사라질 것인가

그렇게 되면 이제까지 국가에 의해 관리되고 유지되어왔던 은행이 무너질 것인가. 그렇게 걱정하는 이들이 많지만 사실은 그렇지 않다. 오히려 은행은 더 많은 수익을 창출할 비즈니스 모델을 갖게 될 가능성이 높다. 왜냐하면 속도와 편리성이 요구되는 기능은 암호화폐가 모두 대신해 주기 때문이다. 예를 들면 지점 수가 줄어들기 때문에 창구나 ATM이 필요 없어져 인건비가 줄어든다. 그에 따라 업무의 효율성을 극대화할 수 있기에 본래의 주요 업무인 대출과 여신 등에 전념할 수 있다. 즉, 수익성 높은 일에 집중할 수 있다. 이것이 미래의 은행이 지향해야 할 바람직한 방향이다. 반면에 인공지능의 발달로 사람의 힘을 필요로 하는 적잖은 부분이 줄어들기 때문에 많은 은행원들이 퇴사해야 하는 어쩔 수 없는 상황이 발생할 수 있다.

은행에서는 암호화폐를 통한 융자업도 생각할 수 있겠지만 현재로서는 불가능하다. 한국의 금융법에 의하면 융자는 법정화폐로 인정되는, 다시 말해 정부가 발행하는 원화에 한해서만 수익을 구할 수 있으므로 암호화폐로서는 불가능하다. 또한 암호화폐는 불확실성에 직접적인 영향을 받는다는 점에서 대출을 원하는 측의 위험이 될 수도 있다. 원화가 법정화폐인 이상 대출은 원화를 빌려줄 때 가장 많은 수익이 보장된다. 그래서 비트코인 같은 암호화폐 금융은 한동안 가격의 안정성이 담보될 때까지 정착되기 어려울 것이다.

하지만 암호화폐로 인해 은행이 사라질 것이라는 견해는 기우에 불과하다. 은행은 경쟁력 있게 혁신을 거듭하여 더욱 많은 수익을 창출할 수 있게 변화를 모색할 것이다. 다만 은행이 정부의 규제에서 존속하는 지금의 형태에서 벗어나 본래의 경쟁력을 갖췄을 때 가능하다.

한국 암호화폐 시장의 가능성

스마트폰으로 언제 어디서나 입출금을 가능하게 하는 방법은 현 단계에서 암호화폐가 유일하다. 특히 비트코인을 비롯한 암호화폐는 해외를 상대로 결제와 송금을 하는 데 상당한 효율성을 발휘한다는 점에서 매력적이다. 그러므로 무역 같은 해외와의 업무가 활발한 기업은 비트코인에 주목하여 실용성을 모색하고 있다. 그렇다고 해도 한국의 기업들이 직원에게 지불하는 월급과 국가에 납부해야 하는 세금은 결국 원화다. 아무리 암호화폐에 의해 사업을 운영하고 수익을 낸다 해도 최종적으로는 원화로 환전해야 하는 것이 현시점에서 해결해야 할 과제다.

암호화폐가 안고 있는 불확실성도 문제이긴 하다. 불확실성은 가격 변동이 심하다는 것을 의미한다. 얼마만큼 불확실성을 최소화하여 원화로 환전하거나 적절하게 잘 운용할 수 있게 하는지가 암호화폐를 이용한 업무의 최대 과제이다. 암호화폐 서비스는 향후 다양한 곳에 응용되어 사용될 것이다. 예를 들면 증권회사에서 취급하는 경우도 있을 것이고, 암호화폐 예금을 전문적으로 취급하는 은행의 출범도 예견된다. 또한 해외 송금을 대행하는 송금 업무나 새로운 형태의 거래소도 증가할 것이다. 숙박 시설과 숙박객을 온라인으로 연결해주는 숙박 공유 사이트 에어비앤비(AirBnB) 같은 곳에서는 블록체인 기술을 이용하여 스마트폰으로 고객에게 방 열쇠를 송신하여 편리하게 사용할 수 있게 할 수도 있다.

하지만 무엇이 됐든 일반적인 한국 기업들은 최종적으로 확정된 이익을 원화로 계산해 받고 있다. 그래서 해외와 다양한 거래가 성사되어 실제 수익이 확정돼도 달러 가치의 변동성과 환전 때 생길 손실에 대비하여 그 나름대로 사전 준비를 한다. 만약 한국에서 본격적으로 암호화폐의 상용이 가능해지면 원화로의 환전이라는 변동성을 의식하지 않고 비트코인 같은 암호화폐로 환전이 완결될 수 있다. 뿐만 아니라 급여나 각종 공공요금, 하다못해 납세까지 원화는 물론 비트코인으로도 가능해지는 사회는 그다지 멀지 않은 미래의 우리 일상이 될 것이다.

지금도 남아프리카공화국에서는 비트코인으로 벌금을 받고 있다. 그러나 한국에서는 암호화폐를 상업용으로 이용하자는 움직임은 아직 일부뿐이다. 언론에서의 보도도 대체로 투기와 해킹에 초점이 맞추어져 있다. 그렇지만 한편으로 생각하면 암호화폐 시장에 진입한 사람이 아직은 그다지 많지 않으니까 오히려 기회일 수 있다. 한번쯤 암호화폐를 가져볼 가장 근접한 시점이 아닐까 여겨질 정도다. 그러나 투자라면 당연히 올바른 투자 자세를 갖추는 것이 선행되어야 한다.

4. 초연결 시대의 사회적 현상

결국 관건은 소통이다. 국가와 기업의 흥망성쇠도 소통에 달렸다. 소통은 창의력의 가장 중대한 원천이다. 지금은 전 세계 인구 중 약 90%가 인터넷으로 연결되어 있고, 웹의 등장과 함께 사회 곳곳은 적잖은 변화를 겪고 있다. 통신 분야의 발달로 누구나 엄청난 속도의 인터넷을 이용할 수 있고, 이윽고 스마트폰 한 대로 인터넷에 접근하는 시대가 되었다.

소위 4차 산업혁명 시대는 초연결성(Hyper Connected)과 초지능화(Hyper Intelligent)의 특성을 지닌다. 정보통신기술(ICT)을 통해 인간과 사물이 상호 연결되고 빅데이터와 인공지능 등으로 보다 지능화된 사회로 이끌고 있다. 그래서 인터넷을 교통수단처럼 사회적 기반의 하나로 인식하게 되었다. 하지만 인터넷의 인프라적 기능은 이제 스마트폰이 대체하고 있다.

인터넷의 역사

1957년, 구소련은 우주공간에 스푸트니크 1호 위성을 발사했다. 스푸트니크의 로켓기술에 충격을 받은 미국은 이듬해 의회에서 '국가방위교육법(National Defense Education ACT)'을 상정해 통과시킨다. 그리고 냉전이 한창이던 1960년대 구소련의 핵 공격에 대비하여 컴퓨터와 통신망을 상호 백업할 방안을 모색했다.

급기야 미국 국방부 산하에 방위고등연구계획국(Advanced Research Project Agency : ARPA)을 설립하여 컴퓨터과학과 인공지능, 미사일과 통신망 등 정보처리 기술을 체계적으로 연구하기에 이른다. 이곳에서 『인간과 컴퓨터의 공생(Man Computer Symbiosis)』을 집필한 하버드대학과 매사추세츠 공과대학(MIT) 링컨연구소에 있던 리클라이더(J.C.R. Licklider) 교수, 기존의 전화 모뎀 방식에서 벗어나 패킷 교환(Packet Switching)이라는 신개념 통신 방식을 발표한 폴 바란(Paul Baran), 분산적 통신 토폴로지를 채택한 MIT 링컨연구소 엔지니어 로런스 로버츠(Lawrence Roberts) 등이 공동 연구를 하여 마침내 1966년 원격지에 있는 컴퓨터 연구소들을 상호 연결할 수 있는 네트워크 플랜을 수립하기에 이른다.

아파넷(ARPAnet)으로 명명된 이 컴퓨터 네트워크는 1969년 최초의 데이터 교환을 시작했다. 이것이 세계 최초로 발신 단말기에서 보내진 정보를 일정한 길이로 나누어 전송하는 패킷 교환 네트워크이며, 오늘날 인터넷의 원형이다. 이후 서부에 있는 캘리포니아대학(UCLA)과 스탠퍼드연구소(SRI), 샌터바버라주립대학(UCSB)과 중부의 유타대학교, 그리고 동부의 MIT 연구소가 서로 전화선을 연결한 패킷 전송에 성공하게 된다. 군사용 네트워크인 밀네트(MILNET)의 시작이다. 이와 같이 인터넷은 냉전 시대의 분위기와 로켓 예산의 산물로 탄생하였다.

이후 1972년 워싱턴에서 개최된 '제1회 국제컴퓨터통신회의'에서 전 세계를 연결하는 인터넷이 처음으로 민간에 공개되었다. 한국에서의 최초는 1892년 전길남 박사가 서울대학교와 한국전자기술연구소 사이에 구축한 네트워크 시스템이다.

어느 날 갑자기 나타난 비트코인

2008년 10월 온라인에 게시된 사토시 나카모토의 논문은 암호화폐 비트코인의 출현을 예고했다. 그리고 다음 해 2009년 1월 3일에는 1972년 인터넷의 등장 때처럼 조용하면서도 갑작스럽게 비트코인 최초의 블록이 생성되어 대중 앞에 실체를 드러내었다. 무엇보다도 비트코인은 동등한 가치와 균등한 배분을 보장하는 개인 간 거래(P2P) 방식으로 출현했다. 비트코인의 거래 기록을 담아내는 공동의 전자장부는 블록체인이다. 시스템을 통제하는 정부나 데이터베이스를 독점하는 어느 누구도 없이 세상에 연결된 모든 참여자들이 거래를 증명하고 공유하게 되어 있다.

암호화폐를 지탱하고 있는 혁신적인 시스템과 네트워크 그리고 보안기술은 공유 시대에 적합한 새로운 부가가치이다. 암호화폐의 규제 논의는 그 본질과 블록체인의 미래를 가로막고 국경 없는 디지털 금융 시대를 이끌 동력을 상실하게 한다. 미래의 금융 서비스는 기존 은행의 소유물이 아니다. 정보통신기술의 발전과 엄청난 금융 혁신으로 전통적인 은행은 쇠락의 길에 들어서 있다. 그래서 암호화폐공개(initial coin offering : ICO) 금지나 지나친 규제와 세제 등은 글로벌 금융 흐름과 신산업 발전만 저해하게 할 뿐이다.

이미 구축되기 시작된 디지털 금융 시스템을 보다 앞당기려면 블록체인 기술의 응용과 보이지 않는 디지털화폐에 대한 균형 잡힌 정책이 수립되어야 한다. 미래의 금융 권력과 화폐는 디지털 소비자와 국민으로부터 나올 것이다. 아무리 장벽을 높이고 규제를 신설하여 기존 금융 시스템을 보호하려고 해도 거대한 강물의 흐름을 거스를 수는 없다.

암호화폐의 근간을 이루는 블록체인 기술은 금융산업은 물론이고 다양한 업종에서 변화와 새로운 비즈니스를 촉발시키는 핵심 기술이 될 것이다. 우리에게 필요한 것은 금지와 규제가 아닌 다양한 플랫폼 구축과 디지털 생태계 조성임을 인식해야 한다. 비트코인이 세상에 출현한 지 어느덧 9년이 되었지만 아직까지 법적 지위나 안전 대책 없이 오로지 해킹과 가격 변동에만 반응하는 규제에 아쉬움이 남는다.

소통하는 젊은이들과 암호화폐

　　　　　　　　　　PC의 보급과 인터넷 기술의 발달은 인류의 삶에 혁명적인 변화를 가져다주었다. 지금은 인터넷으로 필요한 물건을 주문하거나 원하는 동영상 강의를 찾아 무료로 들을 수 있다. 개인이 블로그나 카페를 만들기도 하고 인터넷 커뮤니티를 꾸려서 같은 취향의 사람들과 보다 자유롭게 정보를 공유할 수 있다. 스마트폰 기술의 발달은 언제 어디서나 인터넷을 사용할 수 있는 정보의 유비쿼터스(Ubiquitous) 시대를 탄생시켰고, 소셜미디어(Social Media)의 등장은 개인이 정보의 수요자뿐만 아니라 생산자로서의 역할까지 하게 했다.

　예전에는 대부분의 정보를 전문적인 콘텐츠 제공업체가 제공했다면, 지금은 개개인이 콘텐츠의 생산자가 되고 유포자가 될 수 있으며 스마트폰을 통해 언제 어디서나 콘텐츠를 취할 수 있어, 개인의 위상이 높아졌다. 뿐만 아니라 지금은 모든 소통이 가상공간에서 이뤄지는 소셜미디어 시대다. 사람들은 페이스북, 트위터 등의 소셜네트워크서비스(SNS)는 물론이고 블로그, 인스턴트 메시지, 사용자제작콘텐츠(UCC)를 통해 텍스트, 이미지, 오디오, 비디오 등 다양한 형태의 콘텐츠를 주고받으며 소통을 이어간다.

그래서 전통적 의미의 지상파 방송 또한 점차 사라지고 있는 추세다. 요즘은 종합편성채널, 무수한 전문 채널들, 넷플릭스(Netflix), 유튜브(YouTube), 그리고 개인 크리에이터 방송에 이르기까지 미디어의 폭이 무한대로 넓어졌다. 온 국민을 시청자로 확보하던 지상파 방송은 자연스러운 쇠퇴 과정을 거쳐 점차 역사의 저편으로 사라지고 있다 해도 과언이 아니다.

뉴미디어 시대에 어울리는 인터넷 기반의 동영상 서비스를 의미하는 오버더톱(Over The Top : OTT) 서비스 역시 하나의 추세다. 범용 인터넷망을 이용하여 기존의 방송 서비스에 비해 값싸고 편리하게 소비자 중심으로 콘텐츠를 제공하는 방식이다. 능동적으로 선호하는 콘텐츠만을 시청하려는 수요에 맞춰 등장하여 최근 들어 급속한 성장세를 보이고 있다.

한편으로 급속한 현대화로 다른 사람과의 관계성이 더욱 중요해졌기 때문에 사람들은 서로간의 관계망을 구축하여 SNS로 소통하고 있다. 그 중심에 공감이 있다. 그것이 타인의 감정을 받아들이는 기제로 작용하여, 한편으로 모방된 감정을 가지게 된다. 일종의 감정 전염이다. 친구가 과소비를 즐기면 자신도 이를 긍정하는 자세로 감정 변화가 생기는 것 모두 공감에서 비롯된 결과이다. 요즘 청년들이 즐겨 사용하는 말인 '소확행(小確幸, 작지만 확실한 행복)'도 마찬가지다. 청년들이 자신의 의견이라 하는 것도 사실은 자기 의견으로만 된 게 아니라 공감할 수 있는 범위에서 다른 사람들의 영향을 받아서 만들어지는데,

심지어 취향마저도 주변 사람들에게 영향을 받는 경향이 있다.

'작지만 확실한 행복'은 미국의 브루클린에서 유행하는 마이크로 산책(Micro Walks)과 같은 것이다. 산책 코스를 줄이고 구석구석을 세심히 관찰하는 작지만 소박한 행복 추구다. 공원에 잔뜩 깔린 클로버 속에서 여태 찾지 못했던 네잎클로버의 바로 그 한 잎을 발견하는 기쁨 말이다.

작지만 소소한 행복은 누구나 찾을 수 있지만 마음껏 누리기는 어렵다. 암호화폐에서 꿈을 찾는다며 규제에 반대하는 사람들이 많다. 이와 같은 한국에서의 암호화폐 열기 또한 미래가 불안한 청년들이 자신들만의 방식대로 행복을 찾으려 하기 때문일 수도 있다. 암호화폐 거래는 시간과 장소와 관계없이 세계 어디서나 스마트폰이나 인터넷만 있다면 24시간 가능하다. 일반 지폐의 경우 꼭 은행을 이용해야 하고, 분실 같은 위험도 있다. 하지만 암호화폐는 이런 불편 없이 투자와 실용적 사용이 가능한 점이 요즘 세대들의 삶의 방식과 잘 맞아떨어진다.

한국금융투자자보호재단에 따르면 2017년 12월 서울과 6대 광역시 및 경기 지역 신도시 등에 거주하는 25세~64세 2,530명으로 대상으로 한 조사 결과 암호화폐를 실제로 구매한 경험이 있다고 응답한 비율은 13.9%였다. 20대가 22.7%로 가장 높고 50대가 8.2%로 가장 낮았다. 20대 젊은 층 5명 중 1명 이상이 비트코인을 비롯한 암호화폐를 실제로 구매한 경험이 있는 것으로 조사된 것이다. 연령이 낮을수록 구매 경험 비율이 높았다. 20대의 투자금액은 평균 300만 원을 조금 밑돌았고 연령이 높아질수록 구매금액이 커졌다.

지금의 암호화폐에 대한 감정과 생각, 그리고 행동 또한 주변 사람과 주고받은 상호작용의 결과일 수 있다. 공감을 통해 주변 사람들과 연결하는 것도 이전에는 많은 시간과 비용이 필요했지만, SNS를 통해 소통에 필요한 조건이 짧아지고 정보도 가까이에서 공유할 수 있게 되었다. 또한 취한 정보를 자신이 속한 집단을 위해 공유하는 것도 한층 쉬워졌다.

요즘 몇몇 대중음악 그룹들이 팬들의 도움과 컴퓨터 화상 카메라를 이용하여 일종의 카드섹션 형태로 뮤직비디오를 만든 경우를 적잖이 본다. 네트워크가 없었다면 많은 시간과 비용이 필요했을 뮤직비디오다. 하지만 뮤지션과 그들을 좋아하고 응원하는 팬들이 공감하고 소통하며 함께 모여 작품을 만들어가는 과정은 지금 우리가 살고 있는 시대의 한 단면을 보여준다.

요즘의 청년들은 모바일 기기를 이용한 타인과의 소통과 공감에 익숙하다. 소비자 측면에서 봐도 트렌드에 민감하면서 브랜드보다 합리적인 가격을 중시한다. 주택 마련 같은 소유 개념은 약하지만 효율성과 개인적 가치를 중시하는 편이다. 따라서 틀에 박힌 일보다 가치 있는 경제활동을 원하고, 정해진 규칙보다는 자기 주도적인 룰을 만들고 싶어 한다.

태생적으로 자유와 개방, 자율, 경쟁 같은 것에 친숙하고, 주요 관심사도 인공지능과 사물인터넷, 빅데이터처럼 자신들이 살아갈 미래 이슈와 관계된 것이다. 그래서 조율되지 않은 정부의 암호화폐 거래소와 관련된 규제를 불편해한다. 내심 마지막 남은 계층 상승 사다리를 폐쇄하려는 것이라고 여기기 때문이다. 부동산이나 주식으로 부(富)를 축적한 기성세대가 암호화폐에 투자하는 청년들의 시장을 통제하고 있다는 반응이다.

오늘의 청년들이 사회의 주역이 되어 있을 2040~2050년쯤의 한국에 대해 가장 낙관론을 편 곳은 글로벌 투자은행인 골드만삭스다. 이 회사는 2005년 12월 보고서에서 "2050년 한국의 1인당 국민소득은 81,462달러로 미국에 이어 세계 2위가 될 것"으로 전망했다. 경제 규모로는 세계 13위지만 생활 수준은 거의 세계 최고가 될 것이라고 덧붙였다. 13년이 지난 지금, 그 예측이 잘못된 것이라고 일축해야 할까. 경제 주간지『블룸버그(Bloomberg)』가 내놓은 '2018년 혁신지수' 조사에 따르면, 한국은 종합점수 89.28로 스웨덴과 싱가포르를 제치고 5년 연속 세계 1위에 올랐다.

가상화폐를 이끌어낸 기술 발전

인터넷의 급격한 발전에 의한 가상통화의 출현은 작금의 세계를 변화시키고 있다. 국가 간 경계가 무의미해진 형태의, 어쩌면 지금껏 한 번도 경험해보지 못한 완전히 새로운 경제 패러다임을 제시하고 있다. 한마디로 4차 산업혁명이 촉발시킨 시대의 요구이다.

암호화폐의 앞날은 여전히 불투명하고 투자자들 사이에는 적잖은 혼란이 일어나고 있는 것도 사실이다. 흥미로운 것은 1980년대 초반부터 2000년대 초반 사이 태어난 소위 밀레니얼 세대(Millennial Generation)는 여전히 암호화폐에 긍정적인 태도를 유지하고 있다는 점이다. 하지만 일각의 기관투자자들은 가상통화에 대해 매우 부정적이다. 미국의 경제 주간지 『블룸버그』에 의하면 2018년 2월 시카고옵션거래소(CBOE)에서 헤지펀드들이 체결한 비트코인 선물매도 계약은 2,974건으로 전주보다 5배 급증한 반면 매수 계약은 22% 감소했고, 금융당국과 금융사들은 암호화폐에 대한 경계를 더욱 강화하고 있다고 한다.

4차 산업혁명이 원래 사이버 물리 시스템을 의미하듯 요즘은 현실과 가상의 경계가 점차 모호해진 가상현실(VR)과 증강현실(AR), 나아가 혼합현실이 사회적 관심이 되고 있다. 그래서 가상통화 또한 더욱 확산될 전망이다. 비트코인, 이더리움(Ethere-um : ETH), 리플(Ripple : XRP) 등으로 대변되는 암호화폐는 분산형 네트워크인 블록체인 기술의 발전에 따라 탈중개성과 보안성, 투명성 등을 담보로 새로운 화폐로서의 가능성을 제시하고 있다. 하지만 급등과 폭락을 반복하는 등 화폐로서 가치가 안정적이지 못하고 범죄 등에 연루될지 모른다는 우려도 제기된다. 그럼에도 불구하고 중앙집권적 기존 화폐가 지닌 한계를 넘어선 과학기술의 놀라운 발전과 더불어 새로운 형태의 화폐로 진화를 거듭할 것이라는 데 이견이 없다.

한편 인공지능은 사고나 학습 등 인간이 가진 지적 능력을 컴퓨터를 통해 구현하는 기술로 강(强)인공지능(Strong AI)과 약(弱)인공지능(Weak AI)으로 구분된다. 강AI는 사람처럼 자유로운 사고가 가능한 자아를 지닌 인공지능이다. 인간처럼 여러 가지 일을 수행할 수 있어 범용 인공지능(Artificial General Intelligence : AGI)이라고도 한다. 그리고 인간과 같은 방식으로 사고하고 행동하는 인간형 인공지능과 인간과 다른 방식으로 지각하는 비인간형 인공지능으로 나눠진다. 현재 범용 인공지능 로봇은 실용화에 들어선 만큼 상당한 발전으로 나아가고 있다.

약AI는 자의식이 없는 인공지능을 말한다. 주로 특정 분야에 특화된 형태로 개발되어 인간의 한계를 보완하고 생산성을 높이기 위해 활용되고 있다. 인공지능 바둑 프로그램인 알파고(AlphaGo)나 의료 분야에 사용되는 왓슨(Watson) 등이 대표적이다. 현재까지 개발된 인공지능은 모두 약AI에 속하며, 자아를 가진 범용 인간지능은 등장하지 않았다. 그동안 약AI 분야는 많은 진전을 이루었다. 2016년의 가장 큰 이슈 하나를 꼽으라면 이세돌과 알파고의 바둑 대국을 들 수 있다. 이로 인해 인공지능의 발전에 충격이 더해졌기 때문이다. 사람들은 머잖아 인간의 영역을 침범할 인공지능에 대한 위기의식을 느끼게 되었다.

그동안에는 인공지능이 아무리 발전한다 해도 인간의 창작영역까진 넘어오지 못할 것이라는 전망이 우세했지만 점차 옛 말이 되어가고 있다. 그간 일반화한 외국어 번역 로봇이 급기야 한문 번역까지 하게 되었고, 문학이나 음악 등 인간의 고유 영역인 창작까지 넘보고 있다. 세계 최초로 2018년 2월 한국의 음반제작사 엔터아츠(Enterarts)와 영국의 글로벌 음악 인공지능 회사인 쥬크덱(Jukedeck)이 합작한 인공지능 음반 레이블 '에이아이엠(A.I.M)'이 출범했다. 머잖아 인공지능이 작곡하고 인간이 편곡한 노래가 음반으로 발매될 것이다. 인공지능이 인간이 요구하는 장르와 분위기의 음악을 자동으로 작곡하여 새로운 음악을 만드는 방식이다. 뿐만 아니라 급기야 인공지능에 의해 사라질 직업들도 주목받고 있다. 광고업도 마찬가지다.

일본에서는 인공지능에 대한 대중의 관심을 놓치지 않고, 이색적인 프로모션을 진행한 적이 있다. 일본의 껌 브랜드 클로레츠(Clorets)가 진행한 인공지능 크리에이티브 디렉터(Creative Director)와 인간 크리에이티브 디렉트의 광고 경쟁이다. 룰은 간단했다. 클로레츠의 민트탭(Mint Tab)이라는 껌 제품의 "속공입을 상큼하게, 10분 오래가는"라는 메시지로 각자 광고를 만들어 3개월에 걸쳐 대국민 투표를 통해 승자를 결정짓는 것이었다. 붓글씨 쓰는 광고가 인간이 만든 광고이고, 개가 나오는 광고가 인공지능의 광고였는데, 54%와 46%로 아슬아슬하게 인간이 승리했다.

사실 이 두 광고를 보면 어떤 광고가 인간이 만든 광고이고, 어떤 광고가 인공지능이 만든 광고인지 구분하기 어려워 놀라움 그 자체다. 전문적인 광고인이 만든 광고와 인공지능이 만든 광고가 이 정도밖에 차이 나지 않는다는 것은 무엇을 의미하는 것일까. 지금이야 인공지능 기술이 걸음마 단계여서 이겼겠지만, 이 정도 차이라면 머잖아 따라잡힐 것이다.

물론 광고는 혼자 하는 것도 아니고, 수많은 사람의 아이디어와 협업이 모여 하나로 완성되는 것이다. 이 대결에서도 광고를 만들기 위한 촬영, 편집 같은 실무적인 기능은 모두 인간이 담당했다. 그렇기에 아직까지는 인공지능이 광고인을 대체한다는 것은 무리일 수 있다. 하지만 머잖아 그런 모든 공정까지 인공지능과 기계가 대체할 수 있지 않을까 묘한 두려움이 느껴진다. 앞으로 다가올 인공지능의 시대에 광고인의 미래에 대해 한번쯤 생각해보게 한다.

롱테일(Long Tail)의 위대함이 유통과 쇼핑의 패러다임을 바꾼 것처럼 요즘은 아주 사소하고 일반적인 사람들의 이야기와 경험이 소통되고 공감이 이뤄지면서 세상을 변화시킬 수 있게 되었다. 롱테일의 법칙이란 1년에 몇 권밖에 팔리지 않는 책의 판매량을 모두 합하면, 잘 팔리는 책의 매상을 추월한다는 온라인 판매의 특성을 이르는 개념이다.

기업은 SNS를 통해 서로 연결된 소재를 적절하게 활용하기 위해 빅데이터나 오피니언 마이닝(Opinion Mining)을 이용하여 웹사이트와 소셜미디어에 나타난 여론과 의견을 분석하여 유용한 정보로 재가공한다. 그래서 기업은 대중이 무엇에 관심 있고 어떻게 소통하는지 파악하고 있다. 가상통화 시대를 맞아 우리의 작은 생각이나 행동이 어떤 나비 효과를 일으킬지 모르는 초연결의 시대(Hyper Connected Era)에 사람과 기업, 나아가 국가가 어떤 모습으로 변해야 할지 생각해볼 필요가 있다.

인터넷은 단어 그대로 개방형 기술이다. 그것의 활용은 대부분이 경제적 이익 추구를 위한 수단이지 공공의 목적을 위한 경우는 그리 많지 않다. 물론 인간은 태생적으로 이기적인 동물이며, 삶에 있어서 화폐는 매우 중요한 재화다. 그러나 우리가 살아가는 데 있어서 중요한 것들은, 인터넷에 의한 작은 의도가 가상통화 시대의 출현을 불러일으킨 것처럼, 의외로 공공선을 위해 만들어지는 경우가 많다.

어쨌든 암호화폐는 초연결 시대의 산물이다. 이러한 시대에는 개방과 공조, 그리고 조화와 협업이 특징이다. 통신기술과 스마트폰의 발달, 그에 따라 구축된 네트워크를 기반으로 모두가 하나로 연결되어 새로운 가치를 창출하는 시대다. 가상통화라는 완전히 새로운 화폐의 등장은 블록체인이라는 기술적 혁신을 통해 이뤄졌다. 블록체인은 상호 신뢰를 보증하는 기술적 장치와 암호화된 금전 거래를 인증한다. 중앙은행이나 금융기관이 아닌 전 세계 인터넷 네트워크에 모든 거래 내역이 분산 저장 운영되는 분산형 데이터베이스다. 4차 산업혁명이 낳은 소통과 공감의 시대에 인터넷이 전자화폐를, 더 나아가 블록체인이 암호화폐를 낳은 것이다.

5. 예술과 광고 시장까지 넘보는 블록체인

예술작품이 된 암호화폐

미국의 사진작가 케빈 아보시(Kevin Abosch)의 신작 〈포에버 로즈(Forever Rose)〉가 2018년 초 서울에서 열린 전시회에서 무려 100만 달러에 판매되면서 화제가 되었다. 그러나 이 작품은 보거나 만지지도 못하고 벽에 걸 수도 없다. 오로지 의미와 가치를 담은 암호화폐 '로즈코인(Rosecoin)'이 바로 사진작품으로, 이더리움을 활용한 블록체인 기술을 접목시켰기 때문이다. 장미 사진은 실물이 아니라 장미가 상징하는 사랑이란 가치를 담은 대용품이다. 로즈코인은 사진이란 대용품의 가치를 담은 또 다른 대용품인 셈이다. 작품은 오로지 단 1개의 코인만으로 이뤄져 있다.

케빈 아보시는 아일랜드 출신으로 스티븐 스필버그와 조니 뎁, 스칼렛 요한슨 같은 할리우드 명사와 최연소 노벨평화상 수

케빈 아보시, 〈포에버 로즈〉
(이노베이션스 그룹 제공)

상자인 파키스탄 인권운동가 말랄라 유사프자이 등을 촬영한 흑백 인물사진 작가로 잘 알려져 있다. 그는 "모든 작품을 벽에다 걸거나 소유하여 즐길 수 있는 건 아니다. 예술의 가치는 개념적으로 존재하기에 블록체인 방식의 예술작품은 새로운 표현 방식이라 생각한다"고 했다.

그렇다고 〈포에버 로즈〉의 디지털 사진 파일이나 프린트에 블록체인 기술이 들어간 건 아니다. 하지만 암호화폐의 특징을 십분 활용하여 예술작품 소유권의 개념을 바꿨다. 장미 사진 원본을 블록체인의 기술을 기반으로 암호화하여 암호화폐 로즈코인을 발행하고 이것을 구매한 사람이 작품의 소유권을 인정받는 방식이다. 그러나 디지털 사진 파일 원본은 물론이고 저작권이나 배포권도 작가가 갖는다. 이러한 제안에도 구매 의사를 밝힌 사람이 150명에 달했고, 작가는 코인의 지분을 10%씩 쪼개 10명에게 팔았다. 복제가 불가능한 블록체인 기술이 오리지널리티가 중요한 예술과 만나 엄청난 부가가치를 창출한 셈이다. 작품 제목에 '포에버(Forever)'를 붙인 이유도 복제는 없다는 의미라고 설명했다. 그런데 이미 첫 판매가의 3~4배에 코인을 되사겠다는 사람이 나왔다고 한다. 그러나 기술적으로 로즈코인을 발행하는 것은 가능하지만 예술가이기에 재발행은 없다고 덧붙였다.

현대예술의 개념으로 본다면 예술가가 탁자 위의 과일에 특정 이야기나 의미를 부여하여 작품으로 명명한다면 그때부터 그 과일은 미술작품이 되고 가치가 달라진다. 사람들은 때때로 보이지 않는 것에도 가치를 만들고 실제적 가치 외에 추상적 가치를 부여한다. 따라서 암호화폐에도 그런 가치를 부여할 수도 있다.

케빈 아보시는 뿐만 아니라 자신이 계속해서 예술작품을 만들면서 스스로 상품이 될 수 있다는 생각에서 착안한 예술품과 가상 예술품을 결합시킨 '아이엠어(I am a : IAMA) 코인 프로젝트'를 진행하고 있다고 한다. 자신의 혈액을 뽑은 후, 실제 예술작품 100개에 혈액을 도장으로 찍어 고유주소를 만든다. 이후 이더리움 기반 블록체인 주소에 해당 주소를 등록한 뒤 1,000만 개 코인에 실제 예술품의 가치를 부여하는 작업이다.

광고계로 진출한 암호화폐

한편, 인터넷 미디어 기업 메조미디어(MezzoMedia)는 『애드테크(AdTech) 트렌드 리포트』를 통해 암호화폐의 기반 기술인 블록체인이 온라인 광고 문제를 해결할 수 있다는 분석을 내놓았다. 한마디로 앞으로 온라인 광고 시장에서 블록체인 기술을 주목해야 한다고 강조했다.

알다시피 일종의 디지털 거래장부인 블록체인 기술의 가장 큰 장점은 뛰어난 보안성이다. 거래 당사자의 장부인 블록(Block)이 사슬(Chain)로 엮여 있고 거래 내역을 모든 거래 당사자가 분산 저장하기 때문이다. 블록체인은 거래 내역을 저장하는 중앙 서버가 없기 때문에 모든 블록을 위조하거나 변조하는 것이 불가능하다. 또한 제3자의 중개나 보증, 공증 없이 거래의 보안성과 신속성을 보장할 수 있다. 그래서 광고에 블록체인 기술을 도입할 경우 모든 거래 정보가 투명하게 공개되어 광고주나 에이전시, 동영상 플랫폼과 유통업체 간에 실제 광고 데이터 측정과 비용 정산이 가능하다.

이를테면 광고주는 블록체인을 통해 데이터와 광고 노출 공간을 확인할 수 있다. 퍼블리셔(Publisher)는 재고자산(Inventory)과 주요 데이터를 측정할 수 있고, 사용자는 암호화폐 보상(Reward)을 받을 수 있다. 결과적으로 광고 효과에 따른 정산과 적중도 높은 목표인 타겟에 직접적으로 마케팅을 가할 수 있다. 덧붙여 블록체인에 참여하는 사람들이 승인해야 실적이 인정되므로 사이트의 원래 주소가 아닌 특정 도메인으로 위장하여 속이는 도메인 스푸핑(Spoofing)이나 부정 클릭 등도 차단할 수 있다. 또한 광고를 본 사용자에 대한 보상을 암호화폐 등으로 제공함으로써 양질의 타게팅이 가능해진다.

실제로 일부 온라인 광고 업체에선 이러한 것을 실험 중이다. 미국의 블록체인 기반 분산형 검색엔진 업체인 비트클레이브(BitClave)는 자체 검색 앱을 통해 사용자가 디지털 활동을 할 경우 암호화폐로 보상하고, 광고주는 사용자 데이터를 암호화폐로 구매하면서 정확한 타게팅 광고 집행에 활용하고 있다. 블록체인 디지털 마케팅 솔루션 업체인 큐체인(Qchain)도 블록체인을 기반으로 광고주와 퍼블리셔 사이의 중간거래 단계를 제거해 수수료를 절감하고, 암호화폐를 활용하여 콘텐츠와 재고자산을 상호 교환할 계획이다.

또한 앱코인즈(Appcoins)는 블록체인 기술을 이용하여 온라인 광고를 할 수 있는 새로운 방법을 제시하고 있다. 앱코인즈는 앱토이드 스토어(Aptoide Store)에서 지원하는 프로젝트로 현재 40억 건 이상의 다운로드와 2억 명이 넘는 안드로이드 앱스토어 중 하나이다. 앱스토어 프로토콜은 개발자가 블록체인의 거래 기록 추적에 관련하여 신뢰한다거나 혹은 알 수 없다거나 위험하다는 식으로 등급을 매기는 새로운 신뢰 모델이다. 블록체인 기술을 활용하여 앱스토어에서 앱이나 게임을 광고하고 사용자에게는 2분간 집중에 대한 보상으로 암호화폐인 앱코인즈를 지불하는 방식이다. 블록체인은 집중을 한 것에 대한 증명과 거절, 이중 기여, 거짓 신원에 대한 보증을 해준다. 또한 사용자는 신용화폐 구매나 이전 광고를 보고 받은 아이템을 앱코인즈를 이용하여 손쉽게 지불할 수 있다.

오픈소스 소프트웨어로서 구현된 개방 프로토콜이기 때문에 업계에 신뢰를 줄 수 있을뿐더러 사용자에게 데이터의 투명성을 보장할 수 있다. 다른 앱스토어에서 채택되었기 때문에 프로토콜 개발 결과는 공유되며 개발자는 응용 프로그램 인터페이스(API)를 한 번의 통합만으로 수행하며 공유도 가능하다.

제2장

...

상상력의 한계 뛰어넘기

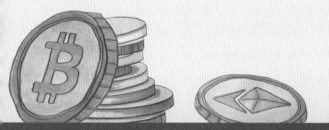

1. 가상통화 시대의 서막

암호화폐의 정의

암호화폐(暗號貨幣, Cryptocurren-cy)는 실물이 없고 온라인에서 거래되는 화폐를 말한다. 그동안은 눈에 보이지 않고 컴퓨터상에 표현되는 화폐라고 해서 디지털화폐 또는 가상화폐라고 불렸지만 최근에는 암호화 기술을 사용하는 화폐라는 의미로 암호화폐라고 규정하고, 가상화폐라는 용어를 함께 사용하고 있다. 최근 들어 언론의 높은 관심을 보면 블록체인 기술로 탄생한 암호화폐의 출현은 화폐가 단순한 경제 수단이라기보다는 사람 마음을 흔들어놓는 괴력을 지니고 있음을 보여준다. 따라서 기존의 금융제도가 도전을 받게되면서 화폐의 개념을 새롭게 정립할 필요가 생겼다.

가상화폐나 디지털화폐가 암호화폐와 유사한 개념이긴 하지만 동일한 개념은 아니다. 그럼에도 언론에서는 암호화폐와 가상화폐를 혼용하여 부르는 경우가 많다. 일반적으로 암호화폐는 가상화폐의 일종으로 분류되지만 엄밀히 말해 가상화폐라는 범주에 모두 포함되지 않기 때문에 잘못된 표현이다. 2018년 1월 11일부로, 언론사 중 유일하게 『중앙일보』가 가상화폐를 암호화폐로 정정하였으며, 이후 신문에서 가상화폐란 단어를 찾을 수 없게 되었다. 일본에서는 화폐가 아니라 통화라고 지칭하며, 가상통화(仮想通貨) 또는 암호통화(暗号通貨)라는 표현을 혼용해서 사용한다. 중국에서는 허사화폐(虚拟货币)라고 부르는데, 허사(虚拟)에는 가상 혹은 가정이라는 뜻이 담겨 있다.

아무튼 암호화폐는 온라인상으로 거래하는 네트워크형 전자화폐의 한 형태로 카카오페이(KakaoPay)처럼 간편결제에 쓰이는 전자화폐와 비트코인 등의 암호화폐 모두를 포함하는 개념이다. 그러나 전자화폐는 금전적 가치를 전자정보로 저장하여 사용하는 결제 수단일 뿐이다. 전자화폐는 스마트카드로 불리는 IC카드(Integrated Circuit Card)형과 네트워크형 두 가지로 나뉜다.

IC카드형은 신용카드와 같은 플라스틱 카드 형태로 반도체 칩이 부착되어 있다. 지정 은행 계좌에 입금하면 IC카드에 일정 금액이 이체된다. 가맹점에서 물품을 구입하거나 서비스를 이용한 뒤 단말기에 전자화폐 카드를 접촉하면 대금이 지불되는 방식이다. 잔액이 부족해지면 다시 은행 ATM이나 단말기를 통해 충전하면 된다. 주로 슈퍼마켓이나 음식점 등에서 이용된다.

네트워크형은 컴퓨터마다 화폐 가치 저장 프로그램을 설치하여 네트워크를 통해 대금 결제와 이체 등을 할 수 있는 형식의 전자화폐이다. 온라인에서 주로 사용하며 해당 회사에 회원으로 가입한 뒤 가치 저장 프로그램을 설치하거나 신분증명(Identification : ID)과 비밀번호 등을 부여받는다. 전자화폐 회사에 입금하면 해당 ID에 금액을 적립해주는 방식과 실제 카드를 발행해 운영되는 것이 있다.

하지만 암호화폐는 보안을 위해 해시(Hash)함수, 즉 암호를 사용하여 코인을 생성하고 거래 내역을 검증하는 화폐의 한 종류로 거래 보안과 추가 유닛 제어(Control Unit), 자산 전송의 검증을 위한 암호화된 그야말로 디지털 자산이다. 정보를 담는 방식에 따라 IC카드형과 네트워크형으로 구분하는데, 그중에서 네트워크형 전자화폐를 가상통화(Virtual Currency)라고 한다. 실물이 없고 가상환경에서만 통용된다는 의미다. 주로 비트코인 등의 가상통화를 일컫지만 실제로는 암호화폐보다 폭넓은 개념이다. 암호화폐는 실물 없이도 거래가 가능한 다양한 결제 수단을 포함한다. 유럽중앙은행(ECB)은 암호화폐를 "민간 개발자가 발행과 통제를 하며 정부 규제가 없는 화폐"로 "특정 가상 세계에서 통용되는 전자화폐의 하나"라고 정의하고 있다.

즉, 암호화폐는 디지털화폐의 한 종류로 미국에서는 거래 보안과 추가 유닛 제어, 자산 전송의 검증을 위해 암호화된 디지털 자산(Digital Asset)으로 규정하고 있고, 유럽에서는 규제도

인정도 하지 않는 불간섭을 유지하고 있다. 암호화폐는 분명 가상통화의 한 부분이지만 유럽의 중앙은행이나 미국 재무부의 정의를 적용하면 현재 가상통화라고 부를 수 있는 암호화폐는 없다.

하지만 영어권에선 크립토커런시(Cryptocurrency)라고 부르는 것이 일반적이다. 왜냐면 정보기술산업계에서는 암호화라는 'Crypto'와 통화 혹은 화폐란 뜻을 가진 'Currency'의 합성어로 보기 때문이다. 'Crypto'라는 단어는 암호화폐 시장을 일컫는 크립토 마켓(Crypto Market)에서 동일하게 쓰인다. 유럽중앙은행과 미국 재무부, 유럽은행 감독청에서 내린 정의에 따르면, 온라인상에서 이용되는 전자화폐는 암호화폐와 유사한 개념이지만 동일한 개념은 아니라고 한다. 일반적으로 암호화폐는 가상통화의 일종으로 분류되나 가상통화라는 넓은 범주에는 암호화폐 외의 것까지 포함되어 있어서다.

한국에서는 통상 가상통화라는 명칭을 사용하고 있다. 이는 우선 가상화폐(Virtual Currency)에서 'Currency'를 화폐보다는 통화로 번역하는 것이 적절하다는 판단에서다. 그리고 상품의 교환가치 척도라는 제도적인 의미에서 화폐가 통화보다 강력하다고 보기 때문이다. 화폐가 보다 실제적이고 구체적인 개념이 강하다면 통화는 화폐를 포함해 유통이나 지불 수단을 전반적으로 지칭하는 추상적인 개념이기 때문이다.

암호화폐의 탄생

암호화폐라는 개념을 처음 제안한 사람은 1988년 네덜란드의 암호학자 데이비드 차움(David Chaum)이다. 인터넷 전자상거래를 이용할 때 사용 내역이 추적되는 신용카드 대신 그러지 못하는 화폐, 즉 익명성이 보장되는 암호화폐(Untraceable Electronic Cash)를 만드는 것이 목적이었다. 당시 그는 개념을 실제로 활용하기 위해 친구들과 함께 '디지캐시(DigiCash)'라는 회사를 설립했지만 경영상의 이유로 1999년 사업을 종료했다.

1998년에는 워싱턴대학(UW)에서 컴퓨터과학 학위를 받은 웨이 다이(Wei Dai)가 분산화된 전자화폐인 '비머니(b-Money)'에 관한 논문을 익명으로 발표했다. 논문이 발표되고 얼마 지나지 않아 닉 자보(Nick Szabo)가 1998년 '비트 골드(Bit Gold)'라고 불리는 일종의 분산된 디지털통화를 위한 메커니즘을 설계했다. 비록 논문을 기반으로 한 코인이 개발되지는 않았지만 비트코인 출현의 명확한 전조였다. 그는 역시 워싱턴대학에서 컴퓨터과학 학위를 받았으며 디지털 계약 및 통화 연구로 잘 알려진 컴퓨터 과학자이다.

하지만 암호화폐의 기반이 된 블록체인 기초기술 개발에 최초로 성공한 것은 1996년 미국 국가안전보장국(National Security Agency : NSA)과 매사추세츠공과대학(MIT)이다. 그것은 사토시 나카모토(Satoshi Nakamoto)가 2008년 10월 31일에 비트코인 백서를 공개하기 12년 전이다. 개발자의 이름은 로리 로(Laurie Law), 수전 사빗(Susan Sabett), 제리 솔리나스(Jerry Solinas) 3명으로, 소속은 미국 국가안전보장국 정보보안연구기술국(Office of Information Security Research and Technology)의 '암호부'로 알려져 있다.

그렇다면 미국 국가안전보장국이 익명으로 알려진 사토시 나카모토라는 이름까지 가공으로 만든 것일까. 사토시(Satoshi, 哲史)라는 이름은 일본 남자 이름으로 총명함, 사려 깊음, 분별력 등을 의미한다. 그리고 나카모토(Nakamoto, 中本)는 가운데를 뜻한다.

가상통화 시대를 대변하고 있는 비트코인은 블록체인 기술을 기반으로 만든 암호화폐이다. 세계 각국 중앙은행이 화폐 발행을 독점하고 자의적인 통화 정책을 펴는 것에 대한 반발로 고안된 것으로 알려져 있다. 첫 개발자에 대한 명확한 정보에 관해서는 아직까지 이론의 여지가 많지만 어쨌든 2009년 사토시 나카모토라는 익명의 개발자가 최초로 개발하여 배포했다.

거래 내역을 중앙 서버에 저장하는 일반 금융기관과 달리 블록체인 기술을 바탕으로 사용자 모두의 컴퓨터에 거래 내역을 저장하는 것이 특징이다. 일반 화폐와 달리 발행 주체가 없고 암호를 풀어내는 방식으로 누구나 마이닝(Mining), 즉 채굴할 수 있다. 비트코인 이외의 암호화폐는 알트코인(Altcoin)이라고 한다. 비트코인을 대체할 수 있는 코인이라는 의미다. 대표적인 알트코인으로는 이더리움(Ethereum)이 있으며, 비트코인의 핵심 기술인 블록체인을 기반으로 프로그래밍이 가능한 것이 특징이다. 이외에도 리플(Ripple), 대시(Dash), 라이트코인(Litecoin : LTC) 등이 있다.

암호화폐의 장단점

블록체인의 신뢰성은 코인 형식의 인센티브로 강화되지만, 기술적 발전은 암호화폐의 수요를 늘려준다. 블록체인의 기술적 변용을 지닌 암호화폐는 신뢰성과 투명성, 편리성을 무기로 최근 사회적 기반을 확대하고 있다. 물론 중앙은행인 한국은행에서 법정화폐를 발행한다는 기존 시각에서 보면 암호화폐의 분산 체제는 여러 정책적 논란을 야기할 수 있다. 디플레이션 가능성이 대표적이다.

비트코인만 해도 공급량에 제약, 즉 채굴량에 제한이 있는데, 2145년까지 2,100만 개만 생성되도록 설계되어 있다. 코인을 마음대로 늘릴 수 없으니 가격 변동성이 확대될 수밖에 없다. 이런 암호화폐의 구조가 화폐 발행권을 독점해온 중앙은행이나 기존 은행들의 기득권에 균열을 일으킬 수 있다. 다시 말해 통화정책 수단의 제약으로 거시경제 관리가 왜곡될 가능성이 높다. 따라서 암호화폐의 등장이 기존 화폐 체제의 변화뿐 아니라 경제 금융 생태계 전반에 급격한 지각변동을 일으킬 소지가 있다는 점이 문제로 지적된다.

또한 암호화폐의 특징 중 하나로 꼽히는 것이 중앙집권적 통제 장치가 없다는 점이다. 거래 내역이 네트워크 사용자 모두에게 분산되기 때문이다. 그래서 탈중앙과 분산, 분배의 신념이 공유되고 확산된다. 아날로그 시대의 종이화폐나 디지털 시대의 전자화폐는 모두 중앙에 허브가 있다. 중앙의 통제장치 유무가 초연결 시대를 배경으로 출현한 암호화폐와 기존 화폐들 사이의 큰 차이점이다.

암호화폐는 이제 걸음마 단계이다. 그래도 이미 일부 영역에선 기존 화폐의 기능을 대체하고 있다. 일각에선 가상통화를 통한 해외 자금 거래가 조금씩 확산되는 추세다. 기존 화폐와 달리 환율 리스크나 자본 통제 등에 따른 제약을 받지 않기 때문이다.

새로운 암호화폐, 비트코인

분산화된 디지털 통화라는 개념은 지난 수십 년간 우리 주변에 있었다. 1980~90년대 익명의 전자 캐시(e-cash) 프로토콜은 로우레벨 암호 알고리즘(Cryptographic Primitive)에 기반하였고 개인정보를 강력하게 보호하는 화폐를 제공하였다. 하지만 중앙집권적인 중개인에 의존했기 때문에 그간 별다른 주목을 받지 못했다. 1998년 웨이 다이가 창안한 비머니는 최초로 분산합의와 계산 퍼즐을 풀게 하는 방식을 통해 화폐를 발행하게 하는 아이디어를 제안했지만 실제로는 어떻게 구현할지에 대한 구체적인 방법은 제시하지 못했다.

그러다 2005년에 미국의 컴퓨터과학자 헬 피니(Hal Finney)가 '재사용 가능한 작업증명(Reusable Proofs of Work)' 개념을 소개했다. 이 시스템은 비머니의 아이디어에 '계산 난이도 해시캐시 퍼즐(Computationally Difficult HashCashe Puzzles)'을 조합한 것이었다. 그러나 '외부의 신뢰를 필요로 하는 컴퓨팅(Trusted Computing)'을 기반으로 했기 때문에 이상을 구현하는 데는 실패했다. 그리고 2009년에야 비로소 사토시 나카모토에 의해 실제적으로 구현된 탈중앙화된 화폐가 만들어졌다. 공개 키(Public Key) 암호 방식을 통한 소유권 관리를 위해 사용되던 기존의 알고리즘을 작업증명이라고 알려진 합의 알고리즘과 결합함으로써 가능해졌다.

작업증명의 기반이 되는 방식은 당시로서는 매우 혁신적인 것이었다. 다음 두 가지 문제를 동시에 해결했기 때문이다. 첫째로 간단하면서도 상당히 효과적인 합의 알고리즘을 제공해주었다. 네트워크상에 있는 모든 노드(Node)들이 비트코인의 장부 상태(State of The Bitcoin Ledger)에 일어난 표준 업데이트의 집합에 공동으로 동의할 수 있도록 해주는 것이다.

둘째는 누구나 합의 프로세스에 참여할 수 있도록 허용해줌으로써 합의 결정권에 대한 정치적 문제를 해결할 수 있게 할 뿐만 아니라 시빌 공격(Sybil Attacks), 즉 한 명의 행위를 여러 명의 행위인 것처럼 속이는 공격도 방어해줄 수 있는 메커니즘을 제공했다. 이것은 한마디로 합의 프로세스에 대한 참여의 조건이었다. 특정한 리스트에 등록된 주체여야만 한다는 형식적 장벽 대신 경제적 장벽인 각 노드의 결정권의 크기를 그 노드의 계산 능력에 비례시키는 방식으로 대체한 것이다. 이후에 지분증명(Proof of Stake : POS)이라는 새로운 방식의 합의 알고리즘이 등장했는데, 각 노드가 가진 계산 능력이 아니라 화폐의 보유량에 따라 각 노드의 결정권을 산출하였다.

비트코인의 경우 중앙은행이 필요 없을뿐더러 익명성이 보장되는 특징이 있지만 복제가 용이하기 때문에 이중 사용(Double Spending)이 쉽다는 단점이 있다. 하지만 암호학자 데이비드 차움은 중앙의 은행이 블랙리스트를 관리할 수 있도록 함으로써 그러한 문제를 해결했다.

반면에 사토시 나카모토는 중앙은행을 없앤 상태에서 이중 사용 문제를 해결하고자 했으며, 중앙의 신뢰기관을 없애기 위해 블록체인이라는 기술을 채용했다. 엄밀히 말해 비트코인이 최초의 암호화폐는 아니지만 최초의 분산화된, 다시 말해 중앙의 신뢰기관이 없는 암호화폐라고 말할 수 있다. 한마디로 일부 게임에서만 사용하는 게임머니나 카카오페이 등과 같은 암호화폐와는 전혀 다른 형식의 것으로 해당 프로그램 내에서만 국한되지 않고 사용 범위가 제한 없이 넓다.

2008년에 제안되고 2009년에 개발된 비트코인은 종종 화폐와 통화 분야에서 매우 혁신적인 사건으로 묘사된다. 어떤 담보도 없고 내재적인 가치도 없으며, 중앙화된 발행 기관이나 통제기관도 없는 디지털 자산의 첫 번째 사례가 바로 비트코인이었기 때문이다. 하지만 비트코인 개발의 더욱 중요한 측면은 암호화폐를 떠받치고 있는 분산합의 수단으로서의 블록체인 기술이다. 최근 들어 이 분야에 대한 관심이 급격하게 증가하고 있다.

블록체인 기술을 이용한 대안적 애플리케이션에는 여러 형태가 거론된다. 먼저 비트코인 블록체인을 통해 현물 자산을 디지털 형태로 표현하는 컬러드 코인(Colored Coins)이 있다. 오픈에셋 프로토콜(Open Asset Protocol)이라고도 불리는 스크립트 언어는 소량의 메타데이터를 블록체인에 입력하게 하는데, 이러한 기능을 통해 주식은 물론 부동산의 등기나 지적 재산 등을 위조가 불가능한 토큰 형태로 나타낼 수 있다.

뿐만 아니라 물리적 대상의 소유권을 표현하는 스마트 자산(Smart Property), 도메인 이름과 같은 비동질적 자산을 기록하는 네임코인(Namecoin), 임의적인 계약 규칙을 구현한 코드에 의해 디지털 자산을 관리하는 조금 복잡한 형태의 스마트 컨트랙트(Smart Contracts), 그리고 블록체인을 기반으로 하여 탈중앙화된 자율조직(Decentralized Autonomous Organizations : DAOs) 등이 있다.

한편, 이더리움이 제공하는 것은 완벽한 튜링 완전(Turing

Complete) 프로그래밍 언어가 심어진 블록체인이다. 이러한 언어는 코딩된 규칙에 따라 상태를 다르게 변환시키는 기능이 포함된 계약을 사용자가 작성할 수 있게 한다. 뿐만 아니라 지금껏 상상하지 못했던 다른 애플리케이션도 매우 쉽게 만들 수 있게 도와준다.

가까운 미래, 암호화폐의 시대

암호화폐와 전자화폐의 차이점

	암호화폐	전자화폐
발행 기관	없음	금융기관
발행 규모	사전 결정	소비자 수요
거래 기록	불특정 다수	발행 기관
기반 기술	블록체인	지급 결제 기술
교환가치	수요와 공급에 따른 변동	현금과 1대 1
화폐단위	독자적 채택	현금과 동일

가상통화의 시대라는 혁명은 한번 일어난 이상 절대 되돌릴 수 없다. 아직까지는 소수의 사람만이 그 실체를 알고 있는 새로운 화폐의 진실, 그것이 바로 암호화폐다. 인터넷이 일반화하고 대중은 무의식중에 그것을 편리하게 받아들이게 되면서 세계는 이제 그 흐름을 멈출 수 없게 되었다.

지금은 암호화폐라는 완전히 새로운 통화가 시대에 맞게 유용성과 편리성을 갖추고 등장했다. 누구나 스마트폰 하나로 자산의 입출금과 투자에 따른 송금 같은 것을 손쉽게 할 수 있게 되었다. 또한 현금이나 은행계좌도 필요 없이, 그렇다고 환전할 필요도 없이 세계 어디에서든 스마트폰만으로 거래가 가능하다. 이것이 암호화폐가 지닌 편리함이다. 그래서 암호화폐의 등장은 금융계의 혁명이라고 해도 과언이 아니다.

기존 화폐의 발행과 관리 주체는 국가이다. 금화(金貨)에 의해서가 아니라 오로지 국가의 권위가 그 가치를 담보하고 있다. 그러나 암호화폐는 국가의 신뢰 없이도 유통된다. 암호화폐가 분산형이라고 하는 이유는 개인 간 거래(P2P) 방식에 의해 사용자끼리 컴퓨터를 서로 연결하여 데이터를 분산 관리하고 있기 때문이다. 종래 네트워크 서버를 사용한 관리 방식에서는 만약 서버가 해킹 공격을 받았다고 가정하면 시스템이 다운되어 사용자 대부분이 피해를 입게 된다. 따라서 기업 측은 중요한 데이터를 지키기 위해 거액의 보호 비용을 들여야 한다. 그러나 P2P 방식으로 관리하면 데이터가 분산되어 있으므로 어딘가의 시스템이 다운되어도 다른 컴퓨터에서 충분히 보완할 수 있다.

물론 P2P가 전혀 새로운 것은 아니다. 이전에 불법 다운로드로 문제가 된 위니(Winny) 사건으로 잘 알려진 바 있다. 위니는 2002년 도쿄대학 대학원 조교였던 가네코 이사무(金子勇)에 의해 개발된 일본의 대표적인 P2P 방식의 프로그램이다. 한국의 인터넷 음악 서비스 소리바다와 유사하지만 소리바다는 MP3 파일만 공유하는 데 반해 위니는 모든 파일을 공유할 수 있었다. 위니가 점차 인기를 끌면서 저작권 침해 방조 혐의가 불거진 것 바로 위니 사건이다.

비트코인의 특별한 점은 개인 간 거래에 블록체인이라는 혁신적인 기술을 조합하여 문제를 해결했다는 점이다. 이러한 조합에 의해 만들어졌기 때문에 어떤 화폐라도 그 권위의 뒷받침이 필요 없음을 실증했다. 따라서 이때까지 불가능하다고 여겼던 소위 디지털화폐의 실현이라는 목적에 도달한 것이다. 암호화폐의 등장은 국가나 기업이라는 중앙의 규제가 개입하지 않는 지극히 민주적인 이변이라고 말할 수 있다. 그렇다 해도 변혁에는 필연적인 저항이 따른다.

인터넷을 시작으로 다양한 IT산업이 그랬던 것처럼 새롭고 편리한 것이 등장해도 수월하게 대중에 받아들여진 예는 단 한 번도 없었다. 대부분의 사람들은 잘 모르니까 불안하다거나 지금까지로 충분하기에 구태여 바로 시작할 필요가 없다는 반응을 보였다. 암호화폐에 대해서도 암호라는 단어의 느낌에서 뭔가 이상하다고 생각하는 사람도 있을 것이다. 그러나 이와 같은 상황에서도 비트코인이 1년에 10배 이상 올랐다거나 지금도 억만장자가 나오고 있다는 허울 좋은 소리만 듣고 일확천금을 꿈꾸는 사람이 이어지고 있다. 하지만 대부분은 원금조차 찾지 못하는 피해와 마주한다.

광고대행사 덴츠(dentsu)가 2015년 3월에 성인 남녀 500명을 대상으로 암호화폐에 관한 설문 조사를 실시한 적이 있다. 결과는 암호화폐가 무엇인지 잘 모르겠다는 사람이 전체의 35.5%였고, 사용하고 싶다고 답한 사람은 12.5%였다. 그리고 조만간 가상통화 시대가 도래할 수 있겠느냐는 질문에 45.5%가 어려울 것이라고 답했다. 그러나 20~30대 젊은 세대들을 따로 선정하여 설문 조사한 결과 암호화폐를 사용하고 싶다는 사람이 무려 40%였고, 가상통화의 출현에도 매우 긍정적인 반응을 보였다.

　결과적으로 인터넷에 익숙한 소수의 젊은 층을 제외하고는 대부분의 사람은 암호화폐에 대해 이해하지 못했다. 물론 알지 못해서 느끼는 불안감은 어쩔 수 없을 것이다. 그러나 과거 사례를 돌아보면 세상의 변혁을 가져다줄 상품의 보급은 사용자가 10%를 넘어서면 단숨에 급속하게 시장을 잠식하게 된다. 예를 들면 휴대전화 시장이 폭발적으로 증가한 것은 사용자가 10%를 넘은 시점부터였다.

　만약 국민 10명 중 1명이 암호화폐를 이용하기 시작하면 이 혁신적 기술은 금세 대중 전체로 확산될 것이다. 그리고 현재 암호화폐를 보유하고 싶다는 12.2% 전원이 구입하여 동시에 사회 곳곳에서 사용하기 시작하면 어떻게 될까. 암호화폐는 실로 보급률 측면에서 상당한 파급력을 지닌 상품인 것만은 분명하다. 따라서 지금이라도 구체적인 실체를 알아야 한다.

　구인구직 사이트 '사람인'이 2018년 1월 직장인 940여 명을 대상으로 설문 조사한 결과 응답자의 31.3%가 암호화폐에 투자하고 있다고 밝혔다. 직장인 10명 중 무려 3명 이상이 비트코인 등의 암호화폐에 투자하고 있다는 얘기다. 2017년 하반기부터 불기 시작한 국내 암호화폐 투기 바람을 실감할 수 있는 수치다. 투자액은 1인당 평균 566만 원이었고, 100만 원 미만이 전체의 44.1%로 가장 많았다. 투자자의 80.3%가 수익을 냈다고 답했으며, 원금 유지와 손실의 응답 비율은 각각 13.2%와 6.4%였다. 특히 흥미로운 것은 암호화폐 투자에 뛰어든 이유가 고수익을 얻을 수 있는 가장 빠른 방법이기 때문이라고 답한 사람이 54%로 반 이상이었다는 점이다.

결과적으로 암호화폐의 등장으로 인해 머지않아 화폐 없는 사회의 도래가 앞당겨질 것으로 보인다. 시장조사 전문기업 '엠브레인(Embrain)'이 전국 만 19~59세 성인 남녀 1,000명을 대상으로 화폐 사용 및 암호화폐 관련 설문 조사를 실시한 결과 응답자의 절반 이상인 56.8%가 먼 미래에는 암호화폐가 대중화될 것이라고 답했다. 이어 가까운 미래에 나타날 것이라는 응답도 30.3%에 달해 이목을 집중시켰다.

세계 최대 자산운용사 블랙록(BlackRock)의 최고투자전략가 이사벨 마테오스 이 라고(Isabelle Mateos y Lago)는 『블룸버그』와의 인터뷰에서 "암호화폐가 매우 빠른 속도로 진화하고 있는 것은 분명하다"며 "그 발전 양상이 매우 흥미로워 주의 깊게 지켜보는 중"이라고 말했다. 이어 "정부 규제와 관련 기술이 발전할 수록 암호화폐를 둘러싼 불법도 점차 사라질 것"이라고 덧붙였다. 아울러 독일 최대의 투자은행 도이체방크(Deutsche Bank)의 최고투자책임자 마르쿠스 뮐러(Markus Mueller)도 암호화폐에 대해 긍정적인 입장을 드러냈다. "현재 암호화폐 시장은 투기에 가까운 투자자들이 넘쳐나고 있지만, 앞으로 5~10년이 지나면 적정 규제를 거쳐 투자가치가 있는 자산으로 정립될 수 있을 것"이라고 내다봤다.

2. 암호화폐의 출현과 규제

암호화폐는 처음부터 가상(假想)에서 출현한 것이니만큼 실제 화폐와는 근본적으로 다르다. 암호화폐를 구입할 수 있는 방법도 이미 소유하고 있는 사람에게서 나누어 받는 것밖에 없다. 달리 말하면 소지한 사람에게서 양도받거나 암호화폐 거래소를 통해 구입하는 것뿐이다. 거래소와의 거래는 주로 인터넷을 통해 이뤄진다.

요즘은 몇몇 사람만 모여도 암호화폐로 상당한 수익을 올렸다거나 지인이 보유한 비트코인 가치가 최근 들어 몇 배로 증가했다는 말을 심심치 않게 듣게 된다. 물론 그중에는 부정적인 대화도 있다. 이처럼 다양한 정보가 뒤섞인 암호화폐란 도대체 무엇일까.

몇 해 전부터 언론을 통해 암호화폐라는 단어가 조금씩 등장하고, 대형 금융기관에서 암호화폐를 발행한다거나 거래소가 곧 합법화될 것이라는 다양한 정보가 웹상에 등장했다. 그러자 지금 시작해도 늦은 것은 아닌지, 혹은 지금이라도 시작하면 되지 않을지 생각하는 사람들이 많아지기 시작했다. 그러나 어떠한 투자라도 그 대상에 대해 아무것도 모른 채 시작하면 결과적으로 큰 손실을 입고 만다. 특히 암호화폐 거래는 이제 막 시작된 새로운 개념이므로 아직도 환경이 제대로 정비되어 있지 않고 사용자 보호도 초기 단계이기 때문이다.

각국의 암호화폐 정책

물론 그로 인한 위험성은 높지만 선구자적 이익을 얻을 수도 있다. 설령 그렇다 해도 투자 초심자가 암호화폐로 수익을 올릴 수 있다는 말이 적절한지 의문이다. 2017년 말부터 세계적으로 암호화폐공개(Initial Coin Offering : ICO) 열풍이 일고 있다. 전 세계 IT 관련 벤처기업인 스타트업(Start Up)들이 암호화폐 발행에 앞다퉈 뛰어들면서 우려가 확산되고 있다. 암호화폐공개는 기업이 사업계획서를 공개하고 신규 암호화폐를 발행하여 투자자에게 판매하는 방식으로 사업자금을 모집하는 것을 말한다. 기업은 현금 대신 비트코인이나 이더리움 등의 암호화폐를 받고 투자자에게 신규 암호화폐를 지급한다. 신규 암호화폐가 거래소에 상장되면 투자자들은 더 많을 수익을 얻을 수 있다.

그런데 최근 미국 증권거래위원회(SEC)는 암호화폐를 발행해 투자금을 끌어 모은 기업 상당수가 실제 사업은 하지 않거나 투자자 모집 과정에서 불법 행위를 하고 있어 조사 중이라고 발표했다. 별다른 규제를 받지 않고 단숨에 투자금을 확보할 수 있다는 용이성 때문에 기업들이 주식을 나눠주는 기업공개(Initial public offering : IPO)보다는 암호화폐공개를 선호하고 있다. 암호화폐공개를 통해 기업들이 조달한 자금은 2017년에 약 52억 달러, 한화 약 5조 5,600억 원으로 미국 뉴욕증권거래소의 기업공개를 통한 투자금 373억 달러, 한화 약 39조 8,600억 원의 7분의 1 수준이다. 대표적으로 모바일 메신저 업체인 텔레그램(Telegram)은 2018년 1월 그램스(Grams)라는 암호화폐를 발행하여 2주 만에 8억 5,000만 달러, 환화 약 9,000억 원의 투자금을 유치하기도 했다.

ICO와 IPO의 차이점

	암호화폐공개(ICO)	기업공개(IPO)
자금 조달	비트코인과 이더리움 등 암호화폐	원화나 달러 등 진행 국가의 법정화폐
보상	발행사의 암호화폐	해당 기업의 주식
요건	발행 기업의 백서에 따른 수익성 판단	창업 이후 최소 3년, 자기자본 30억 원, 당기순이익 20억 원 이상

한국에서 암호화폐를 화폐로 인정하지 않겠다고 천명한 것은 2013년 12월 8일 한국은행의 발표에서다. 그러자 당시 비트코인의 가격이 20% 폭락했다. 하지만 이 기사로 인해 암호화폐 투자자들의 관심은 한층 더 고조되었다. 당시 암호화폐 시장에서 벌어졌던 일이 4년이 지난 2017년 이후 다시 반복되었다. 이즈음 세계 각국 정부의 규제 강화에 힘입어 암호화폐 가격이 요동쳤다. 달라졌다면 이번에는 한국 정부가 규제의 선봉에 섰다는 점이다. 정부는 2017년 말부터 또다시 규제를 쏟아내며 암호화폐 가격을 폭락시켰다.

그러나 과거의 규제책을 썼을 때의 상황을 돌아보면 비트코인 가격 폭락은 단기에 그쳤다. 규제 여파를 딛고 어김없이 되살아났기 때문이다. 암호화폐는 국경이 없기에 국가 단위로 규제한다고 해서 시장을 잡을 수는 없다. 게다가 규제책을 내놓는 정부 역시 블록체인 기술만은 긍정적으로 평가하고 있다. 그래서 정부도 암호화폐 거래소를 일정 부분 인정하면서 블록체인 기술의 육성 측면에 한층 관심을 기울이고 있다. 결국 장기적인 관점에서 보았을 때 규제보다는 효용성을 입증하는 것이 중요하다. 비트코인이 탄생한 지 10년이 지났지만 암호화폐와 블록체인 기술은 아직까지 가능성의 영역에만 머무르고 있기 때문이다.

주요국 가운데 암호화폐에 가장 긍정적인 태도를 취하는 곳은 일본이다. 일본은 현재 비트코인을 정식 지급 결제 수단으로 인정하고 있다. 또한 암호화폐 거래소 등록제를 도입하여 건전한 투자 환경 조성에도 힘썼다. 그 결과 일본에서는 암호화폐 투자 붐이 일었다. 암호화폐 정보업체 크립토컴페어(Crypto-compare.com)에 따르면 엔화의 비트코인 거래 비중은 50%를 웃돈다. 2017년 말 비트코인 선물시장 개장은 암호화폐 가격의 상승을 주도했다. 선물상품 출시는 비트코인 시장에 기관의 대규모 투자자금이 유입된다는 신호다. 그러자 비트코인 가격은 2만 달러에 육박할 정도로 치솟았다.

또한 2018년 들어와서 미국의 상품선물거래위원회(CFTC)의 크리스토퍼 지안카를로(J. Christopher Giancarlo) 의장이 죽어가던 암호화폐 시장에 활기를 불어넣었다. 상원 청문회에서 암호화폐의 핵심 기술인 블록체인에 긍정적인 견해를 드러내고, 과도한 제재에 우려를 내비친 것이다. 덧붙여 젊은 층의 비트코인에 대한 열정을 존중해야 한다며 정부가 이를 긍정적으로 발전시켜야 한다고 조언했다.

반면에 각국 정부의 규제는 과열된 암호화폐 시장을 얼어붙게 했다. 중국의 규제가 대표적이다. 2013년 12월 비트코인 가격을 끌어내린 것도 중국이다. 중국의 중앙은행인 중국인민은행(中國人民銀行)은 당시 금융회사들의 비트코인 거래를 금지시켰다. 또한 2014년 4월에는 자국 내 거래소와 연결된 은행계좌를 동결시켰다. 당시 세계 최대 거래소였던 마운트곡스(Mt.gox)의 파산으로 그렇잖아도 어렵던 암호화폐 시장은 2년 동안 완전 하락장이었다. 중국은 시장이 과열 조짐을 보이던 2017년 9월에는 암호화폐를 이용한 투자자금 모금 행위인 암호화폐공개(ICO)를 전면 금지하고 거래소를 폐쇄하여 가격 폭락을 불러일으켰다. 이어서 채굴 업체의 전기를 차단하고 장외에서 벌어지는 암호화폐 개인 간 거래까지 단속하면서 비트코인 가격을 끌어내렸다.

미국 또한 2018년 2월 재무부가 주도해 암호화폐에 대한 특별조사위원회를 조직했다. 이는 사실상 규제안을 마련하기로 결정한 것이며, 암호화폐공개의 규정을 강화하는 방향이 될 것으로 알려져 있었다. 그러자 미국 주요 은행들은 암호화폐를 신용카드로 구매할 수 없도록 하기로 결정했다. 영국의 로이즈뱅킹그룹(Lloyds Banking Group)도 암호화폐를 신용카드로 구매하는 것을 금지했으며, 중국은 해외 플랫폼을 포함한 암호화폐 관련 모든 웹사이트 접속을 차단하고 있다. G20 회의에 맞춰 독일과 프랑스도 구체적인 방안을 준비 중인 것으로 알려져 암호화폐에 대한 규제가 국제사회 전체로 확산되고 있다.

한국 정부가 2018년 1월 암호화폐에 대한 방침을 발표한 것을 보면 크게 두 가지 목적이 있었다. 첫째는 암호화폐를 정부의 관리하에 두고 세금을 징수하는 것이다. 이것이 가장 먼저 암호화폐 거래소에 소득세 과세를 실시한 이유다.

한국에서는 아직까지 암호화폐가 폭넓은 지불 수단으로 인정받지 못하고 있다. 하지만 가까운 미래에 중요 지불 수단이 될 것이다. 현재 암호화폐를 보유한 이용자는 지불 수단보다는 자산으로서 소유하고 있는 경우가 대부분이다. 그러나 폭발적인 성장을 거듭하는 블록체인 기술과 함께 앞으로 암호화폐는 더이상 자산 보유 수단이 아닌 일상에서 자연스럽게 사용하는 통화로 자리 잡게 될 것이다. 전 세계에서 은행의 혜택을 받지 못하는 25억 이상의 사람들이 장차 블록체인 기술의 도입으로 다양한 금융 거래를 할 수 있게 될 것이며, 950만 개의 일자리 창출 효과를 기대하고 있을 정도다.

암호화폐의 사회적 인지도가 조금씩 높아감에 따라 최근에는 상점 등에서도 결제가 가능하도록 하자는 움직임이 일어나고 있다. 예를 들면 미국이나 일본 등에서는 가전제품 판매점이나 심지어 여행대리점에서도 비트코인 결제를 승인했다. 뿐만 아니라 고급 외제차도 비트코인 결제를 받아들였다. 화폐니까 당연한 것이라고 생각할 수 있겠지만 한국에서는 현재까지도 공식적인 지불 수단으로 인정받지 못하고 있다.

일본 최대 가상화폐 거래소 비트플라이어(bitFlyer)는 대형 전자제품 매장 비쿠카메라(Bic Camera)와 히스(HIS)여행사 등과 계약하여 비트코인 결제를 시도하고 있다. 이러한 흐름은 향후 가속될 것으로 예상되지만 한편으로 여러 가지 예측 못 할 문제들이 발생할 수 있다. 왜냐하면 물건을 구입하는 곳이 암호화폐 이익이 확정되는 곳이 아니기 때문이다. 2017년 12월 1일에 일본 국세청에서 암호화폐에 관한 소득 계산 방법 등에 대해 발표한 적이 있다. 암호화폐는 구조상 거래의 이력을 거슬러 추적하는 것이 가능하기 때문에 거래의 세부 내용 전체를 파악할 수 있다.

사실 법정화폐를 편리하게 사용할 수 있는 일본에서 일부러 수수료를 내면서까지 비트코인을 경유해 결제할 이유는 없을 것이다. 그런데도 결제 수요가 늘어나고 있는 배경에는 해외 고객의 이용뿐 아니라, 비트코인의 가치가 올라감에 따른 수익 확정의 장으로 소매점에서의 결제 이용이 늘어나는 현상이 자리 잡고 있다.

그러나 구입한 암호화폐가 단순히 가치 상승의 가능성을 가지고 있다는 것만으로 세금이 발생하지 않지만, 암호화폐를 다른 암호화폐로 환전한 경우의 차익에는 세금을 추징하기에 주의가 필요하다. 쇼핑할 경우에는 가게의 지정 거래소에서 결제한 순간 비트코인을 자국 화폐로 환전한 형식이 되기 때문이다. 물론 국가 차원에서 인터넷상의 암호화폐 거래 전부를 통제한다는 것은 사실상 불가능하다. 가능한 방법이라면 거래소를 정부의 관리하에 두는 것뿐이다.

3. 국가와 은행에서 발행하는 암호화폐

암호화폐가 세계 모든 언론의 관심을 끌고 있지만 불확실성이 있고 미래가 불투명한 것만은 분명하다. 그래서 암호화폐를 투자의 대상으로 삼는 것은 위험할 수 있다. 우선은 올바르게 알아야 하고, 자신이 왜 이 같은 새로운 가능성에 투자하려는지 생각해봐야 한다. 반면에 불확실하다는 것은 기회가 될 수 있다. 사실 이미 몇 개의 국가에서는 은행에서조차 암호화폐 사용을 적극적으로 허용하자는 움직임이 있기도 하다. 그중에는 국가의 법정화폐를 암호화폐로 하자는 움직임이 있는 국가도 있고, 이미 현금이 암호화폐나 신용카드로 대체되고 있는 국가도 있다.

점차 많은 국가들의 중앙은행이 통화의 디지털화 작업에 뛰어들고 있는 가운데, 중국과 러시아도 인민폐와 루블화의 협약을 꿈꾸며 이더리움의 잠재력에 관심을 갖기 시작했다. 현재 중국의 통화 발행과 화폐 주조를 담당하는 중국인민은행 조폐국은 위안화의 디지털화를 목표로 이더리움과 ERC20(Ethereum Request for Comment 20) 코인 규약을 테스트하고 있다. 조폐국은 ERC20 규약을 이용하여 이더리움 블록체인 네트워크에서 발행되는 코인을 표준으로 삼아 뛰어난 유동성 및 상호 호환성을 갖추도록 하고 있다. 또한 블록체인 기술을 통한 디지털 통화와 모바일 금융 그리고 첨단 도시 건축 등 혁신적인 영역에 광범위하게 참여하려고 한다. 하지만 아직까지 대부분의 선진국에서는 금융업계가 지닌 오랜 관습이나 기득권층의 저항, 나아가 복잡한 세제 등으로 인해 현시점에서 암호화폐의 성장을 지켜보고만 있거나, 또는 무시하고 있는 상황이다.

원래 비트코인은 금화를 모델로 고안되었다고 한다. 그래서 비트코인 거래의 정당성을 증명하는 작업은 금을 캔다는 뜻에서 채굴이라고 불렸다. 그래서 비트코인의 발행 숫자가 최초부터 정해진 것도 유한한 금화의 가치는 절대 하락하지 않는다는 믿음에서 비롯된 것으로 보인다.

과거 미국을 비롯한 유럽이나 일본 등 몇몇 국가에서는 금화로 가치를 뒷받침하여 화폐를 발행한 시기가 있었다. 그것을 금본위제(金本位制)라고 한다. 그에 따라 지폐는 높은 신용을 획득할 수 있었다. 그러나 현재 어느 국가도 그러한 체제를 유지하지 않는다. 금이라는 자원의 양적 한계가 화폐 발행의 한계가 되어 경제성장을 저해하는 요인으로 작용했기 때문이다. 화폐의 공급 부족은 필연적으로 디플레이션을 초래한다. 디플레이션이란 물가는 하락하지만 화폐의 가치가 상승하는 것이다. 디플레이션이 되면 자금이 순환되지 않아 결국 경제의 수축이라는 악순환을 초래한다.

최근 들어 특별한 이유도 없이 화폐 공급량이 국내총생산(GDP)을 웃도는 상황으로 계속 증가하는 배경에는 가상통화의 시대를 맞아 암호화폐 투기에 의한 자금이 있다고 생각하는 사람도 없진 않다. 리플만 해도 점차 은행에서의 활용이 현실이 되고 있기 때문에 화폐의 공급 부족은 경제에 상당한 과제를 안겨줄 수 있다.

일본의 암호화폐들

일본의 경우 은행을 중심으로 암호화폐 발행의 시급성을 느끼고 있는 듯하다. 일본의 3대 은행 중 하나인 미쓰비시 도쿄 UFJ은행이 독자적인 암호화폐를 개발 중이라고 발표한 것은 2016년이다. 미쓰비시UFJ파이낸셜그룹(MUFG)이라고 이름 지어진 이 코인은 자사의 은행원을 대상으로 시험 운용되었다. MUFG코인으로는 스마트폰 앱을 통해서 사용자 간 송금이나 가맹점에서의 쇼핑 등을 할 수 있다. 대규모 관리 시스템이 필요가 없는 블록체인 기술을 이용해서 시간과 장소에 구애받지 않고 즉시 송금할 수 있으며, 그에 따른 수수료도 대폭 인하될 수 있다. MUFG코인은 초기 활성화를 위해서 1MUFG코인당 1엔, 한화 약 10원으로 가격을 안정화시키고 있다.

또한 자체적으로 암호화폐 거래소를 개설했다. 은행이 거래소를 스스로 관리하면서 암호화폐의 가격 변동을 억제하고 안정적인 결제와 송금을 할 수 있게 되었다. 일본 은행이 독자적으로 암호화폐 발행과 거래소 개설을 추진한 첫 사례다.

암호화폐는 눈에 보이는 화폐가 아닌 인터넷상에서만 거래되는 디지털화폐이다. 원화나 달러 같은 법정화폐와는 달리 중앙은행이나 정부가 관리하지 않고 법정통화 간 교환 비율도 고정되어 있지 않다. 또한 관리자도 없고, 전 세계에서 자유롭게 거래되고 있기에 투기자금이 유입되면서 24시간 가격이 요동치고 있다.

그러한 비트코인이 일본에서 활발하게 거래되고 있다. 세계 비트코인 거래의 약 40%가 일본에서 이루어질 정도지만 마땅한 관리부처가 없는 실정이다. 거래가 자유롭다는 장점으로 인해 이용자가 늘어나면서 고객 보호 대책이 요구되고 있다. 그래서 은행이 직접 나서서 비트코인 신탁 서비스를 시작했다. 비트코인을 신탁한 투자자는 거래소 파산이나 범죄 위험으로부터 보호를 받을 수 있다. 그렇다고 비트코인 급락에 따른 손실까지 피할 수는 없다.

미즈호 파이낸셜 그룹은 2017년 9월에 엔화와 등가(等價)로 교환 가능한 암호화폐 제이코인(Jcoin) 구상을 발표했다. 우체국과 지방 은행 70개가 발기인으로 참여한 개발을 발표했다. 엔화를 디지털화로 이행시키는 것이다. 비트코인처럼 만들지만 가격의 변동이 없고, 은행계좌에 있는 엔화를 제이코인과 같은 값으로 등가 교환하여 스마트폰으로 지불하거나 개인 간의 거래 대금을 주고받을 수 있도록 했다. 은행들이 현금을 사용하지 않는 결제 데이터를 해외 전자결제 기업들에게 내주어야 할 상황에 처했기 때문이다.

제이코인은 일본 엔화에 고정되기 때문에 비트코인이나 이더리움과 같은 다른 암호화폐처럼 가격이 변동되지 않는다. 또한 선불 방식인 전자화폐의 장점을 활용하기 때문에 신뢰성이 높다. 일본 전역에서 사용할 수 있으며 2020년까지 실제 통용되게 한다는 계획이다.

일본은 외국에 비해 상거래시 현금 비율이 높다. 그래서 금융업계는 ATM망 유지 비용 등으로 1조 엔, 한화 약 10조 원을 지출하고 있다. 제이코인이 보급되면 이런 비용을 줄일 수 있고 개인 이용자들의 송금 수수료와 ATM 수수료도 절감할 수 있다. 하지만 미국 애플 사의 전자결제 시스템인 애플페이(Apple Pay)에 이어 중국 최대 전자상거래 업체인 알리바바 그룹의 알리페이(Alipay)까지 진출하면서 전자결제 시장의 경쟁이 더욱 치열해지고 있다.

그러자 인터넷 쇼핑몰인 '라쿠텐시장'이나 포털사이트 '인포

시크(Infoseek)'를 운영하는 일본 최대 전자상거래기업 라쿠텐(楽天)은 '라쿠텐코인(Rakutencoin)'이라는 암호화폐를 발행한다고 발표했다. 자체적으로 암호화폐 기반의 리워드 프로그램을 도입하여 고객과의 네트워크를 더욱 긴밀하게 결속하려는 것이 목적이다. 이 회사는 그동안 비트코인 결제 관련 스타트업인 비트넷(Bitnet)과 함께 암호화폐 결제를 허용한 전자상거래 플랫폼의 선두주자였다.

일본에서는 2017년 5월 발표된 개정 자금결제법에 의해 이제까지 물건 취급을 받던 암호화폐가 결제 수단으로 인정받고 있다. "가상화폐란 물품 구입이나 서비스 제공을 받을 때 대가의 결제 수단으로 사용할 수 있으며 전자정보 처리에 의해 이전 가능한 재산적 가치를 가진다. 불특정 다수를 상대로 구입 및 매각을 할 수 있다"(자금결제법 제2조 5항 1호)고 정의하며, 또한 "가상화폐와의 교환 가능, 전자정보 처리에 의해 이전이 가능한 재산적 가치"(자금결제법 제2조 5항 2호)라고 적시되어 있다. 이러한 정의는 비트코인과 같은 기술적 시스템을 사용하는 다른 코인에도 적용될 것이다.

원래 화폐에 있어서 중요한 것은 가치의 담보다. 이제까지 화폐의 역사는 어떻게 해서 화폐의 가치를 담보하는가라는 시행착오의 연속이었다. 예를 들면 금이나 은을 화폐로 사용하던 금본위제에서는 물건이 가치를 담보했다. 지금의 법정화폐는 국가가 가치를 담보한다. 이에 대해서 첫 암호화폐인 비트코인이 혁신적이었던 것은 화폐의 가치를 국가의 권위에 의지하지 않고 기술적인 구조로 해결했기 때문이다. 그 중심이 되는 시스템이 블록체인이다. 뿐만 아니라 거래의 투명성을 유지하기 위해 인터넷상에서 전체 거래 기록이 모두 공개되어 있다.

일본의 미쓰비시UFJ금융그룹이 발행한 MUFG코인에도 블록체인 기술이 사용되고 있지만 보안상의 문제로 거래 기록은 공개되지 않을 것으로 보인다. MUFG코인이 블록체인 기술을 사용하는 이유는 비용 절감 때문이다. 코인의 가치를 담보하는 것은 회사의 신용에 의해서다. 그러나 회사가 가치를 담보하는 코인은 필연적으로 파산 리스크를 안고 있다. 설마 대형 은행이 망하기야 할까 생각할지 모르겠지만 지금은 법정화폐조차 그 가치가 흔들릴 수 있는 시대다.

어떻든 자국 은행이 암호화폐를 발행하는 것이 어떤 결과를 초래할지 작금의 상태로는 알 수 없다. 애초에 국가가 나서야 하는 문제를 개인기업이 나서게 된 형편이다. 정부로서는 자신들이 책임을 지지 않아도 되기 때문에 다행이라고 생각할지 모른다. 또한 은행이 발행하는 암호화폐라는 것은 언뜻 보기에 놀라운 사건처럼 보인다. 그러나 사용자측에서 보면 기존의 전자화폐 정도일 뿐이다. 실제 사용해도 제3자에의 횡적 이동과 인터넷에서의 이용이 가능하다는 것 외에는 그다지 신선함은 없기 때문이다.

베네수엘라의 페트로

남미 최대 산유국인 베네수엘라가 2018년 초 3,840만 페트로(Petro) 규모의 암호화폐를 사전 판매하여 7억 3,500만 달러, 한화 약 7,900억 원어치를 판매했다고 밝혔다. 총 60억 달러 규모로 발행할 예정이지만, 전문가들은 세계 최초의 정부 주도 암호화폐인 페트로의 성공 가능성에 회의적인 반응을 보이고 있다. 페트로는 베네수엘라산(産) 원유(Crude Oil)를 1대 1로 고정시킨 코인으로, 베네수엘라는 미국 등 국제사회의 제재로 인한 자금 조달 문제를 타개할 방안으로 코인 발행을 선택했다. 자국의 석유와 가스 매장량, 그리고 금과 다이아몬드 보유량을 토대로 거래된다.

최근 베네수엘라는 석유 생산량은 줄어들고 미국의 제재까지 더해져 심각한 경제 위기에 빠져 있다. 그래서 공식 통화인 볼리바르(Bolívar)는 급격한 인플레이션으로 이미 화폐 기능을 상실한 상태다. 베네수엘라가 암호화폐를 통해 경제 위기를 극복할 경우 다른 나라들도 비슷한 방식을 채택할 가능성이 높다.

스웨덴의 전자크로나

스웨덴에서는 그동안 시중은행 6곳이 공동 개발한 모바일 결제 애플리케이션인 스위시(Swish)의 사용이 일반화되어 있다. 전체 인구 950만여 명 가운데 절반 이

상인 500만 명 정도가 이것으로 상품과 서비스를 구매하고 있을 정도다. 그런데 지금은 디지털화폐인 전자크로나(e-Krona)를 개발하면서 현금 없는 사회가 급속히 정착되고 있다. 전자크로나는 블록체인 기술을 사용하지 않고 기반이 되는 앱은 역시 스위시다. 휴대전화와 개인 인증만으로 자신의 은행계좌에서 간단하게 지불이나 송금이 실행된다.

러시아와 영국

최근 러시아도 경제 활성화를 위해 암호화폐 관련 정책을 내놓고 있다. 이미 암호화폐 크립토루블(Cryptoruoble)을 개발 중인 것으로 알려져 있다. 영국의 중앙은행 잉글랜드은행도 2018년에 비트코인 스타일의 새로운 암호화폐를 도입하고자 검토하고 있다. 잉글랜드은행은 현재 법정화폐인 파운드화에 연동된 암호화폐를 도입하기 위한 별도의 팀을 운영하고 있으며, 암호화폐의 핵심기술인 블록체인 기술 등에 대한 연구를 이어가고 있다. 만약 파운화에 연동된 암호화폐가 출범한다면 현 제도권 금융시장을 크게 흔들 것이다. 그렇게 되면 암호화폐로 자신의 재산을 보유할 수 있으며, 소매은행을 생략하고 부동산 등 모든 거래를 할 수 있을 것으로 보인다.

은행권의 암호화폐:비트코인과 리플

그 밖의 전 세계 금융기관들이 암호화폐와 관련해 실제 어떤 구상을 하고 있는지는 알 수 없지만 적어도 시스템적으로는 보조를 맞춰야 하는 측면이 있다. 왜냐하면 금융은 신용이 담보되어야 하므로 만일 각 나라 각 기관이 제각각 독립적인 시스템을 도입하면 혼란이 발생할 우려가 있기 때문이다. 물론 운영상 시스템의 통일이 어려울 수 있겠지만 은행끼리 공조하면 작금의 문제를 풀기에 훨씬 용이할 것이다.

대체로 은행권의 코인 구상에서 기초로 삼는 것이 리플(Ripple)이다. 암호화폐라고 하면 시가총액에서 단연 비트코인이 선두다. 그런데 은행은 왜 비트코인보다 리플을 선호할까. 그 이유는 리플의 시스템이 원래 은행이 사용하는 것을 상정하여 만들었기 때문이다. 비트코인은 지금까지의 화폐와는 전혀 다른 개념을 도입하여 금융의 혁명을 일으켰다. 그런 점에서 현재까지 출현한 다른 알트코인들과 비교했을 때 기술적 면에서 압도적으로 앞선다. 이와 같이 독창성을 지니고 있기 때문에 비트코인은 애초부터 보수적인 금융업계와는 가까워지기 어렵다.

비트코인은 최초로 세계가 인정한 혁신적인 암호화폐인 반면 거래량의 증대에 따른 과제를 끌어안고 있다. 그러나 리플은 기존의 금융 조직에 근거하여 시스템이 짜여 있으므로 암호화폐 중에서도 상당한 안정성을 담보하고 있다. 또한 지속적인 시스템 개선이 이뤄지고 있는 중이다. 그렇다면 작금의 은행에게 다른 선택지는 없는 것일까. 그것을 증명하듯 2017년 8월 세계 각국을 연결하여 금융 통신 서비스를 제공하는 단체인 스위프트(Society for Worldwide Interbank Financial Telecommunication : SWIFT)가 리플을 사용하겠다고 발표했다. 스위프트는 전 세계 은행들이 외국환거래와 관련된 각종 메시지를 안전하게 교환할 수 있는 통신망으로 1973년 15개국 239개 은행이 창립하여 3년간의 시험을 거쳐 1977년부터 22개국 518개 은행을 대상으로 메시지 교환에 들어갔다. 한국은 1992년 3월부터 정식으로 이용하기 시작했으며 현재 대부분의 신용장 거래가 은행의 스위프트망을 통해 교환되고 있다.

현재 국가간에 송금을 할 때는 스위프트 코드를 사용해서 보내는 것이 일반적이지만, 앞으로는 리플로 대체될 것으로 보인다. 리플이 다른 암호화폐와 근본적으로 다른 점은 기존의 화폐가 비트코인을 비롯한 대부분의 암호화폐와 직접 거래하는 반면 리플은 약식 차용확인서(IOU)에 상당하는 것과 거래하는 프로세스로 되어 있다는 점이다. 그 이유는 리플의 프로세스가 은행 간에 거래되는 외환거래 송금 모델로 만들어졌기 때문이다.

다시 말해 리플코인은 암호화폐로서 발행되었지만 그것이 전부가 아니다. 리플은 송금 프로세스를 자체를 일컫는다. 비트코인은 애초에 총 발행 수가 2,100만 개로 확정된 후 순차적으로 채굴되어 발행되고 있고 계산으로는 2140년경에 종료된다고 한다. 반대로 리플은 1,000억 개가 최초에 전부 발행되었고 거기서 사용한 만큼 수가 조금씩 줄어드는 방식이다. 1,000억 개라고 해도 전 세계적으로 통상의 결제 수단에서 모두 사용되는 것은 아니라 실제로는 신용 있는 기업 간에서는 필요한 숫자만큼 조정된다.

결과적으로 지금으로서는 가장 합리적인 해결책 중 하나는 거래 전체를 암호화폐 리플로 하거나 지금과 같은 은행 간 거래 방법과 조합하는 것이다. 통상 우리가 송금할 때는 상대에게 직접 현금을 보내지 못한다. 은행 간의 조작에 의해 송금이 완료되는 것이다. 송금한다는 것은 보내는 사람과 받는 사람의 대차가 보내는 사람과 받는 사람이 관계된 쌍방의 은행 간 대차에 의해 바뀌는 것이다.

따라서 송금이라 해도 은행 측에서 하는 일이란 서로의 통장에 기재된 숫자를 바꾸는 정도에 불과하다. 이러한 방법을 가상통화 시대에서는 리플 시스템상에서 매우 간편하게 할 수 있다. 그러나 암호화폐 리플은 아직까지는 은행 간 송금을 할 정도로 많이 유통되지 않았다. 또한 A은행의 1억 원을 B은행으로 보내고 싶다고 해도 현시점에서는 그만한 액수를 빈번히 거래할 수 있을 만한 리플이 유통되어 있지도 않다. 그러나 편리하고 비용이 적게 들기 때문에 머지않아 활용도가 높아질 것으로 보인다.

예를 들어 한국의 암호화폐 거래소에 있는 리플을 중국의 거래소 후오비(Huobi)로 옮겨보면 전송 소요 시간은 약 2분 정도다. 다른 코인들에 비해 압도적으로 빠른 것만은 분명하다. 리플은 은행 간 비효율적인 송금 방식을 해결하기 위해 '리플랩스(Ripple Labs)'가 제작한 암호화폐다. 리플 넷(Ripple Net)이라는 블록체인, 즉 분산 원장 기술 네트워크를 통해 정부나 중앙은행을 거치지 않고 디지털 거래가 자유롭게 이뤄지도록 하고 있다. 보통 2~3일이 걸리는 해외 송금이 리플을 통하면 3~4초밖에 걸리지 않는 것으로 알려져 있다.

리플은 다른 암호화폐와 달리 처음 제작할 때부터 모두 발행되어 더 이상의 채굴이 불가능하다. 리플랩스는 매달 최대 10억 개씩 시장에 내놓고 있고, 현재 전 세계 350억 개가 유통되어 있다. 최근 한국의 우리은행과 신한은행, 그리고 일본 SBI은행과 리소나은행(Resona Bank) 등이 리플을 이용한 해외 송금 테스트에 성공하며 곧 상용화가 가능할 것으로 알려지면서 가격이 급등하고 있다.

리플을 통한 해외 송금이 본격적으로 개시되면 은행끼리 디지털로 연동되어 자금이체가 실시간으로 이뤄질 수 있다. 이 과정에서 중계 은행이 사라지면서 수수료 역시 낮아질 전망이다. 리플은 다른 암호화폐보다 안정성과 속도, 보안에 우수하고 기존 금융기관에서의 취급에 매우 적합하다.

리플로 송금하기 위해서는 먼저 한화를 '₩'라는 전자데이터 차용확인서(IOU)로 교환해야 한다. 다른 리플 거래소 게이트웨이에서 송금하는 경우에는 이 차용확인서를 리플로 교환하여 보낼 필요가 있다. 다른 게이트웨이로 발행된 차용확인서를 리플로 뒷받침하는 작업이다.

리플 송금에서는 이제까지 차용확인서의 정당성을 모두 리플로 담보해왔다. 그러나 앞으로는 은행 간에 리플 프로세스를 도입하는 데 있어서 그 한계를 없애기 위해 보내는 상대의 신용도에 따라 리플을 개재하지 않아도 되도록 했다. 그래서 B은행이 A은행을 신용하고 있음을 가정하여 1억 원을 리플로 변환시키지 않아도 B은행은 A은행에서 송금된 1억 원을 인정한다고 승인하여 받아들이게 된다. 이때 리플 대신 각 은행이 한화를 얼마나 가지고 있는지에 따른 대차의 이론치가 판단 근거가 된다.

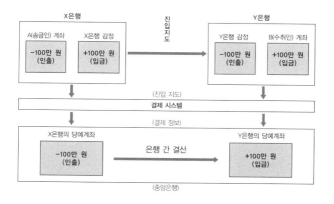

은행의 자산 거래 방식

그러나 은행 중에는 신용도가 낮은 은행도 있다. 상대가 그러한 은행일 때는 다른 은행과의 거래 결과에 따라 진입이 허용된다.

100만 원이 A와 B 사이에 거래되는 상황을 예로 들어보자. X

은행과 Y은행의 고객 사이에서의 송금에 따라 발생하는 은행 간 채권, 채무 관계는 한국은행 당좌예금의 대체에 의해 결제된다. 따라서 은행 간 거래가 리플상에서 실시되었다고 해서, 리플의 화폐로서의 가치가 상승하거나 하락하지는 않는다. 앞에서 말한 대로 신뢰가 있는 은행끼리는 리플 없이도 송금 가능하도록 되어 있기 때문이다. 그렇다고 해도 시스템적으로는 리플 보급의 실현에 장애를 하나 없애는 것이 되므로 매우 중요한 일이다.

은행권의 리플 채용은, 리플이 은행 시스템상에서 정식으로 기능하게 되면 상대의 신용도는 거의 문제 되지 않는다는 것을 뜻한다. 지금까지 화폐의 역사는 어떻게 신용을 담보할 수 있는가에 대한 역사였다. 어쩌면 암호화폐로 인해 인류는 사상 최초로 꿈의 화폐 실현을 향한 한걸음을 내딛을 수 있을지도 모른다.

암호화폐 전문 은행

어쨌든 암호화폐 시장이 커지면서 점차 암호화폐 자산의 안정적인 관리 필요성이 대두되고 있다. 하루만 지나도 급변하는 암호화폐 가치와 작은 변화에도 민감하게 반응하는 변동성으로 인해 일반 투자자의 투자가 쉽지 않기 때문이다. '세계 최초 블록체인 뱅크'라는 비전을 가진 에이블코인(ABLE Coin)이 모든 참여자가 주인이 되는 암호화폐 전문은행 설립한다고 해서 주목을 받고 있다.

기존의 은행의 비즈니스 모델은 은행이 예금자와 대출자의 중개자가 되어 예금과 대출 금리 차이인 예대마진을 취하는 것이다. 즉, 낮은 금리로 예금을 받아 높은 금리로 대출을 해주고 그 차이를 은행이 가져가는 구조다. 따라서 일반인이 금융 서비스를 이용하려면 높은 중개료를 지불할 수밖에 없었다.

블록체인 기술을 도입한 에이블코인은 개인 간 거래(P2P) 매칭 엔진과 스마트 컨트렉트(Smart Contract)를 활용하고 있다. 은행이라는 중개자 없이 예금자와 대출자가 직접 금융 서비스를 교환하기에 예대마진이 필요 없는 플랫폼이다. 한마디로 암호화폐를 거래할 때 지불하는 중개료를 없앤 것이다. 그리고 간편한 송금 서비스를 개발하여 복잡한 암호화폐 주소로 인한 불편함을 줄여준다. 에이블 계좌를 도입하여 통합 솔루션 이용이 가능하게 함으로써 다른 암호화폐에도 손쉽게 투자할 수 있다.

또한 금융거래를 할 때는 금융실명제와 자금세탁방지법에 의한 정보를 입력하게 함으로써 안정성과 보안을 높여 향후 제기될 리스크를 상당 부분 줄여준다. 장기적으로 탈중앙화된 암호화폐 거래소(Decentralized Exchange : DEX) 기능을 추가하여 다양한 암호화폐 서비스를 구현하려고 한다. 뿐만 아니라 가상통화의 시대 상황에 대비한 금융 서비스를 제공하기 위해 이미 암호화폐 강국인 에스토니아에 법인을 설립하였고, 블록체인 기술의 새로운 은행을 구축하고 있다.

4. 신뢰로 연결된 암호화폐의 진화

기존 체제에 대한 불신에서 태어난 암호화폐

개인 간 거래(P2P) 네트워크에서 사용된 첫 번째 암호화폐 비트코인은, 누구나 발행하고 사용할 수 있는 암호화된 화폐다. 정부가 발권하고 금융기관이 관리하는 화폐가 아니라는 의미에서 비트코인은 역사상 최초로 분산화된 재화인 셈이다. 이러한 분산화폐를 만든 가장 큰 이유는 공공기관의 정보 독점 체제 때문이다.

개인의 금융정보는 남김없이 정부와 은행에 노출되지만 기관의 정보는 철저히 은닉된다. 그래서 기존 체제에 대한 대응 수단으로 금융기관의 통제를 받지 않고 누구나 서로 직접 거래하면서 접근성과 투명성이 완벽하게 보장되는 화폐제도가 등장한 것이다. 블록체인 기술로 인해 기존 화폐제도가 도전을 받게 되면서 화폐의 개념을 새롭게 정립할 필요가 생겼다. 앞으로 블록체인 기술이 가상공간과 현실공간을 모두 뒤바꿀 가능성이 있기 때문에 세상의 모든 것을 기록할 수 있는 블록체인이 제2의 인터넷이 될 수 있다.

암호화폐의 등장은 기존 화폐 체제에 대한 불신과도 직접적인 연관이 있다. 미국발 글로벌 금융위기 직후에 기축통화인 달러화의 위기가 고조된 2009년 1월, 최초의 암호화폐인 비트코인이 등장한 것은 결코 우연이 아니다. 기존 화폐 체제에 대한 신뢰도가 떨어지고 그에 따라 새로운 질서를 모색하려는 움직임이 일어났다. 거기에 초연결 시대라는 시대적 배경과 블록체인 기술의 혁신성이 상호 상승 작용을 일으켜 금융 패러다임의 전환을 불러온 것이다.

글로벌 금융위기는 미국의 부동산 버블 붕괴와 이에 따른 모기지론의 부실화 그리고 모기지론의 증권화가 결합되어 발생했다. 모기지론이란 집을 살 때 은행에서 집을 담보로 빌려 이자와 함께 갚게 하는 금융상품이다. 제대로 빚을 갚아나갈 수 있는 경우가 프라임 모기지인데 신용등급이 낮은 저소득층을 대상으로 주택자금을 빌려준 서브프라임 모기지론이 붕괴되어, 기존 은행 및 화폐 시스템의 한계를 보여주었다.

이 사태를 해결하기 위한 한 가지 대책으로 정부와 중앙은행은 화폐를 더욱 많이 발행하는 양적 완화를 선택했지만 이것은 시중에 풀려 있는 화폐가치의 하락으로 이어지고 말았다. 양적 완화를 통해 위기를 극복하려는 시도가 결국 더 큰 위기를 불러온 것이다. 이런 기존 변동환율 제도의 문제점을 해결해야 한다는 반성과 함께 출현한 것이 암호화폐이다.

암호화폐는 기존 금융 시스템의 틀을 깨는 방식으로 만들어져 각광받기 시작했다. 기존 금융 시스템에서는 소수의 특정한 사람만이 계정의 원장(元帳)에 접근할 수 있었다. 하지만 암호화폐는 누구든 원장의 내용을 볼 수 있게 하였다. 또한 원장을 아무도 함부로 수정하지 못하게 암호화하여 화폐의 가치를 보존하였다. 결과적으로 암호화폐는 기존에 한 개만 있던 원장을 모두가 공유할 수 있도록 암호화하였기 때문에 분산된 시스템과 안전한 보안이라는 두 가지 장점을 확보하게 된 것이다.

암호화폐의 난립

세계 최대 가상화폐 정보 사이트인 코인마켓캡(CoinMarketCap)에 의하면 2018년 1월 기준으로 비트코인과 각종 알트코인으로 대변되는 암호화폐는 총 1,484종이다. 실제 아무런 이윤 없는 일종의 금융 다단계 폰지 사기(Ponzi Scheme) 코인들까지 합친다면 전 세계적으로 수천 종류가 개발된 것으로 추측된다.

암호화폐는 종류별로 쓰임새가 다양하며, 가치 증명 방식도 다르다. 그래서 채굴 방식과 가치 증명 방식, 거래 목적에 따라 특성이 제각각이다. 특히 거래 목적에 따라 방식이 달라지기 때문에 종류 또한 다양하다. 예를 들어 익명 거래를 추구하는 암호화폐가 비트코인과 같은 방식으로 만들어진다면 익명성을 갖기 힘들다. 빠른 결제를 원하는데 10여 분의 확인 시간이 필요한 비트코인과 똑같이 설계된다면 그것도 문제다. 그런 이유로 다양한 암호화폐가 탄생하게 된 것이다. 지금도 실리콘밸리 등 전 세계 어느 구석에선가는 누군가 더욱 효율적이고 안전한 암호화폐를 대중 앞에 선보일 준비를 하고 있을 것이다.

21세기에 들어서 벌어진 암호화폐의 무질서한 난립상은 마치 19세기 초 미국 달러화의 혼돈을 연상케 한다. 당시 미국에서는 법정화폐를 발행하는 중앙은행 없이 연방정부 허가에 따라 은행들이 자체적으로 달러화를 발행했다. 남북전쟁 직전인 1859년에만 대략 1만여 종의 달러화가 유통되었다. 달러화의 양산은 자유방임 시대를 배경으로 촉발되었다. 그러나 암호화폐의 경쟁적 난립은 초연결 시대의 산물이다. 탈중앙과 자유, 분권 같은 시대의 산물이다.

최근 금융권의 변화를 보면 카카오뱅크와 같은 온라인 은행이 급속도로 성장하고 있는 배경에 간편한 송금 방식과 낮은 수수료가 있음을 볼 수 있다. 암호화폐 송금은 상대방의 QR코드를 스캔한 후 송금액을 입력하고 버튼만 누르면 완료되는 방식으로 이루어진다. 따라서 송금받을 은행이 어디인지 계좌번호가 무엇인지 확인할 필요도 없고 수수료도 극히 적다. 또한 완벽한 보안 장치로 해킹이 현실적으로 불가능한 블록체인 기술이 바탕이 되어 있기 때문에 향후 기술 개발에 따라 활용도가 광범위해질 것이다.

암호화폐는 집단지성, 탈중앙화된 자율 조직, 암호화 같은 혁신적인 정보기술(IT)의 융합으로 현재로서는 여러 국면에서 주목받고 있는 기술이다. 여태까지의 대안화폐보다 훨씬 우월한 지위로 화폐의 기능을 충족시키고 있으나, 기존 화폐만 한 안정성과 통제 수준을 갖기 어려워 현재까지 널리 인정받지는 못하고 있는 실정이다. 인플레이션이나 디플레이션을 막기 위한 조치를 취할 수 있는 중앙 관리 시스템도 없어서 가격 안정화를 도모할 수도 없고, 신뢰성을 지닌 집단이 가치를 보장하거나 보호하지 않기에 유동성 또한 낮다.

그래서 암호화폐의 미래는 안개 속이다. 크리스틴 라가르드(Christine Lagarde) 국제통화기금(IMF) 총재의 "미래 금융 시스템을 대체할 잠재력"이라는 낙관론과 세계적인 투자자 워런 버핏(Warren Buffett)의 "신기루"라는 비관론이 공존한다. 그러나 흥미로운 점은 국제결제은행(BIS)이 일부 중앙은행들에 암호화폐의 직접 발행을 권고하고 있다는 사실이다. 뿐만 아니라 2018년에 스웨덴 중앙은행 리크스방크(Riksbank)는 2년 안에 전자크로나(e-Krona)로 명명된 국가 암호화폐를 발행할 계획이라고 한다. 잉글랜드 은행은 파운드화에 연동된 암호화폐 도입을 검토하고 있다. 암호화폐를 중앙은행에서 발행하면 법정통화로서의 효력도 내재할 수 있다는 점에서, 국가 차원의 움직임이 비상한 관심을 끈다.

진화하는 암호화폐

4차 산업혁명 시대를 맞아 블록체인 및 인공지능, 빅데이터 등의 기술이 융합되면서 머지않아 암호화폐가 새로운 결제 수단으로 통용될 수 있는 환경이 만들어질 것으로 전망된다. 그렇게 되면 암호화폐가 새로운 비즈니스 산업으로 발전할 가능성은 충분하다. 4차 산업혁명의 가장 중요한 핵심은 모든 사물이 서로 통신한다는 것이다. 예를 들어 냉장고에 일정 금액의 암호화폐를 적립해놓고 송금을 설정해놓기만 하면 필요한 식품이 떨어졌을 때 스스로 온라인 쇼핑몰을 통해 주문을 넣고 결제까지 할 수도 있다. 이처럼 우리의 삶이 획기적으로 바뀔 수 있기 때문에 이제라도 가상통화의 본질을 제대로 파악하고 새로운 비즈니스 모델을 찾는 수단으로 적극 활용해야 한다.

모든 혁신은 제도권 진입 과정에서 진통을 겪는다. 암호화폐를 둘러싼 대부분의 논란 또한 투기 버블과 기술적 한계에 대한 우려에서 비롯되었다. 그러나 신기술 도입 과정에서 일정한 버블은 불가피한 측면이 있다. 2000년대 초 닷컴 버블 붕괴로 IT 기업의 혁신성이 도마에 올랐지만 그 속에서 아마존이나 구글 같은 신생 기업이 성장하며 IT 생태계를 구축했다.

암호화폐의 기반이 되는 블록체인 기술도 아직 초기 단계에 불과하다. 해킹과 보안, 처리 속도 등 각종 부작용은 앞으로 점차 해소될 것이다. 비트코인만 해도 처리 용량 제약과 그에 따른 속도 지연으로 복제 코인이 등장하는 등 산적한 과제에 직면해 있다. 하지만 이더리움의 등장에서 보듯 기술적 진보를 통해 보다 진화한 형태의 암호화폐는 계속 출현할 것이다. 이는 개인 간 거래(P2P) 방식인 네트워크로 구현된 화폐의 본질적 특성이다.

그리고 암호화폐와 기존 법정화폐와의 가장 큰 차이는 종속성이다. 법정화폐는 화폐로서 작동하기 위해 모종의 중앙 관리 시스템을 갖춘 합리적인 경제 체제를 필요로 하고, 중앙에서 화폐에 대한 모든 권리를 제어한다. 다시 말해 중앙에서 비합리적으로 운영한다거나 가치를 조작한다거나 하면 자신의 자산이 물거품이 되는 광경을 지켜봐야만 한다. 하지만 암호화폐는 블록체인 기술 덕분에 발행 주체가 가치를 조작할 수도 있다는 우려에서 비교적 자유롭다.

어떻든 화폐는 진화한다. 그리고 암호화폐 또한 계속 변형, 발전할 것이다. 치열한 경쟁 속에서 극히 일부 암호화폐만 살아남겠지만 그 과정에서 화폐로서의 속성은 더욱 강화될 것이다. 현실 세계와 가상 세계가 병존하듯 법정화폐와 암호화폐도 하나의 통화로서 공존할 가능성이 높다. 법정화폐를 완전히 대체할 수는 없겠지만 최소한 기존 화폐의 문제점을 보완하는 쪽으로 나아갈 것만은 분명하다.

5. 암호화폐의 명암

비트코인 가격 조작 논란

2017년 이후 세계 경제를 뒤흔들었던 비트코인의 가격 폭등이 암호화폐 거래소의 조작 때문이라는 언론 보도가 충격을 안겨주었다. 암호화폐의 시세가 폭락한 것은 거품이 꺼지는 과정으로 볼 수도 있지만, 암호화폐 거래 시스템에 대한 신뢰와 관련하여 의문을 품으면서 세계 각국이 규제를 강화한 원인을 제공했다.

2018년 초 『뉴욕타임스』와 『블룸버그』 등 주요 외신들은 "비트코인 가격을 거래소에서 조작했다는 우려가 커지고 있다"고 보도했다. 『블룸버그』에 따르면 미국 상품선물거래위원회 (CFTC)는 2017년 12월 세계 5위 암호화폐 거래소인 비트피넥스(Bitfinex)와 암호화폐 스타트업 테더(Tether) 관계자를 조사했다고 한다. 비트피넥스와 테더가 암호화폐의 일종인 테더코인을 불법적으로 대량 발행하여 2017년 말 비트코인 가격을 인위적으로 끌어올리는 데 이용했다는 의혹이다. 테더코인은 비트코인과 이더리움 등 주요 암호화폐를 구매하는 일종의 암호화폐 전용 상품권이다.

의혹의 중심에는 홍콩에 법인을 둔 스타트업 테더가 발행하는 암호화폐 테더코인이 있다. 2015년부터 발행하고 있는 테더코인은 시세가 끊임없이 변하는 비트코인이나 이더리움 같은 다른 암호화폐와 달리 1테더 가격이 1달러로 고정되어 있다. 그간 테더가 인기를 끈 것은 해외 암호화폐 거래소들의 정책 때문이다.

한국의 암호화폐 거래소에서는 원화를 입금하고 암호화폐를 살 수 있지만, 해외 거래소 상당수는 달러나 유로 같은 법정화폐로는 직접 구매하지 못하게 하고 있다. 따라서 구매자들은 테더에 달러를 주고 해당만큼의 테더코인을 받은 뒤, 이것으로 거래소에서 비트코인이나 이더리움을 구매한다. 판매할 때도 거래소에서 대금을 테더코인으로 받은 뒤 테더 회사에서 현금으로 환전한다. 가격이 고정되어 달러나 마찬가지인 테더코인이 가치에 해당하는 만큼의 달러를 보유하지 않고 있다는 의혹이 제기되면서 대표적 암호화폐인 비트코인까지 함께 가격이 급락했다.

2018년 2월 2일 암호화폐 정보사이트 코인마켓캡에 따르면 비트코인 국제 가격은 심리적 저항선인 1만 달러 이하로 내려

가며 한때 8,000달러 선까지 떨어졌다. 2017년 12월 중순 2만 달러 수준과 비교하면 절반도 안 된다. 이더리움, 리플 등 다른 암호화폐의 가격도 덩달아 폭락했다. 미국은 그동안 암호화폐 거래를 비교적 자유롭게 허용해왔다. 시카고선물거래소(CME) 에서 비트코인이 상장되는 등 제도권 내에서도 암호화폐 관련 거래가 이뤄졌다.

규제와 그에 따른 가격 하락

하지만 최근 들어 불법적 거래 행위에 규제를 가하기 시작했다. 2018년 초, 거래소 비트커넥트 (BCC)는 텍사스와 노스캐롤라이나 주(州) 당국의 승인을 받지 않고 중개했다는 이유로 경고를 받고 암호화폐 거래를 중단했 다. 인도에서는 암호화폐를 통한 불법적인 행위나 지급 결제를 없애는 조치를 취할 것이라고 규제를 예고했다. 일부 거래소의 신뢰성 문제가 제기되자 2018년 1월 30일에는 급기야 사용자 가 전 세계 21억 명에 달하는 세계 최대 소셜미디어 '페이스북 (Facebook)'이 암호화폐 광고를 전면 금지하겠다고 밝혔다. 그 러자 아시아 3위의 경제대국인 인도 또한 암호화폐에 대한 규 제에 착수했다.

중국은 일단 겉으로는 주요 소셜미디어와 인터넷 검색엔진에 서 비트코인 등 암호화폐 관련 광고를 하지 않는다. 중국판 트위터인 웨이보(微博, Weibo)와 최대 검색엔진인 바이두(百度, Baidu) 검색창에 암호화폐와 관련된 단어를 입력하면 뉴스는 나오지만 유료 광고와 광고 포스트는 보이지 않는다. 정부에서 비트코인 같은 암호화폐 광고를 허용하지 않기 때문이다.

현재 대부분의 국가에서 암호화폐에 대한 기준을 세우고 있는 중이며, 선두주자인 비트코인조차 화폐로 인정하는 국가는 몇 개국에 불과하다. 특히 중국과 러시아는 정부 차원에서 암호화폐 거래소를 불법으로 규정하고 있다. 중국의 규제책은 한국보다 훨씬 강도가 높아서, 2017년 9월에는 암호화폐 거래를 금지하고 신규 암호화폐공개(ICO)를 불법으로 규정했다. 2018년에 들어서는 암호화폐 채굴 업체의 전기 사용을 제한하는 등 채굴 금지령까지 내렸다. 개인 간의 거래를 비롯하여 장외 거래와 해외 암호화폐 거래 사이트 접속까지 차단하고 있다.

반면에 일본은 암호화폐 거래를 허용하면서 최소한의 규제만 하고 있다. 시장의 육성과 규제 사이에서 균형을 잡겠다는 입장이다. 2017년 말부터 암호화폐 거래소에 대해 사전 심사를 거쳐 금융청(金融廳)에 등록하도록 했다. 그리고 암호화폐 거래로 얻은 이익은 기타소득으로 규정해 세금을 물리고 있다.

하지만 미국과 일본은 2018년 들어서 자국 내 부실 암호화폐 거래 사이트를 직접 조사 중이고, 한국 역시 거래실명제를 도입하며 암호화폐 거래에 투자자가 유입되는 것을 정부가 직접 나서서 통제하고 있다. 그러자 한국에서의 암호화폐 가격은 해외 시장에서보다 훨씬 더 큰 낙폭으로 떨어졌다. 그동안 한국은 현재 전 세계 암호화폐 거래소의 거래량 기준으로 4위를 차지할 정도로 큰 규모였다. 특히 2016년부터 비트코인을 비롯한 암호화폐에 대한 투자가 활성화되고 있었는데 2018년 초에 일어난 해킹 등 일련의 사건과 정부의 규제 발표 이후 큰 폭으로 가격이 하락한 것이다. 아직도 거래소 해킹 같은 보안의 위험성은 해소되지 않았다. 그럼에도 단기 이익만을 좇는 무분별한 투자가 문제로 지적된다.

암호화폐 거래소 빗썸(Bithumb)에 따르면 국내 비트코인 가격은 2018년 초 2,600만 원에 육박했는데, 불과 1개월 지나 3분의 1 정도가 되었다. 이더리움, 리플 등도 덩달아 폭락했다. 급기야 정부는 2018년 1월 23일 암호화폐 거래실명제를 포함한 '가상통화 관련 자금세탁방지 가이드라인'을 발표했다. 암호화폐 투자는 실명 확인된 계좌로만 입출금해야 하고, 하루 1,000만 원이 넘으면 은행을 통해 투자자 신원과 거래 내용이 당국에 통보된다.

투자인가 투기인가

영국 중앙은행의 2014년 발표에 의하면 금융시장에서 암호화폐의 영향력이 빠르게 증가하고 있는 추세라고 한다. 그러자 2017년에 접어들어 암호화폐 시장의 규모가 급격히 확대되면서 그 밖의 국가에서도 관심을 가지고 예의 주시하고 있다.

암호화폐의 대규모 채굴 풀이 있는 중국도 차세대 암호화폐에 주목하면서 중단 조치를 일부 해제했고, 일본에서는 주요 은행에서 비트코인을 채택하면서 일상생활에도 비트코인으로 결제가 가능한 시스템이 출현했다. 미국에서는 여전히 투자와 투기로 보는 시선과 함께 미래 플랫폼으로서의 가능성으로 보는 시선이 공존한다. 유럽 시장에서는 특히 이더리움에 주목하면서 대체로 긍정적으로 평가하고 있다.

그러나 예일대학의 로버트 실러(Robert Shiller) 교수는 "암호화폐 비트코인은 완전히 붕괴될 것"이라고 경고했다. 2018년 1월 미국 CNBC 방송과의 인터뷰에서 그는 "비트코인은 17세기 네덜란드의 튤립 버블을 연상시킨다"며 "금은 사람들이 투자수단으로 생각하지 않아도 그 자체로 가치를 지니고 있지만 비트코인은 가치가 전혀 없다"고 단언했다. "비록 튤립 버블은 붕괴됐어도 우리는 지금도 튤립을 돈 주고 사며 때로는 튤립이 시장에서 비싸게 거래되기도 한다. 그에 반해 비트코인은 그러한 가치도 없고 완전히 붕괴돼 잊힐 것이며 내가 볼 때 그건 좋은 결말"이라는 것이 그의 주장이다. 그러나 그도 비트코인의 존재가 100여 년 이상 지속될 수 있다고 덧붙였다. 그는 자산 가격과 비효율적 시장을 다룬 논문으로 2013년 노벨경제학상을 수

상했으며, 2018년 1월 스위스의 다보스에서 열린 다보스포럼 (World Economic Forum)에서 연사로 출현하기도 했다.

손해를 봐도 손해가 아니다?

행동경제학에 심리회계(Mental Accounting)라는 개념이 있다. 미국 시카고대학 경영대학원 교수이며 2017년 노벨경제학상 수상자인 행동경제학자 리처드 탈러(Richard Thaler)가 개발한 이론이다. 인간은 머릿속으로 이득과 손실을 서로 다른 계정에 두고 각각 따로 다룬다고 한다. 물건을 사거나 주식투자를 할 때나 심지어 자신이 지닌 자산을 평가할 때 경험하는 독특한 인간 심리다. 전통 경제학에서는 인간이 이성에 근거하여 합리적 의사결정을 한다고 가정하지만 심리회계 이론은 이를 정면으로 부정한다. 인간은 주변 환경에 대한 잘못된 해석이나 개인적 편견으로 이해하기 힘든 비합리적인 결정을 자주 내린다는 것이다. 눈에 보이지 않는 비트코인 같은 암호화폐가 전 세계적 광풍을 불러일으키고 있는 것도 이런 심리회계가 작동하기 때문이라고 볼 수 있다. 그런 이유로 인간은 설령 지금처럼 가격이 떨어지는 상황에서도 최종 손실은 아니라는 판단에 따라 투자를 멈추지 않을 것이다.

지금으로서는 암호화폐에 대한 기대치가 쉽게 가라앉을 것 같지 않다. 대부분의 사람들이 비트코인 가격이 지속적으로 하락할 것으로 믿지 않기 때문이다. 심리회계 이론에 따르면 인간은 먼 미래의 손실보다 지금 당장의 손실을 더 크게 느낀다. 이러한 논리는 주식 투자나 암호화폐 투자에도 마찬가지로 적용된다.

대부분의 사람들은 비트코인이 주식처럼 등락을 반복할 것을 예상하고 투자했기 때문에 가격이 하락해도 손실이 아니라는 기대심리 때문에 중단하지 못한다. 한마디로 확정적 손실이 아닌 이상 결코 투자를 멈추지 않을 것이다. 이러한 심리의 바탕에는 주변 사람들에게 자신의 결정과 선택이 옳음을 보여주고 싶은 욕구도 깔려 있다. 투자금을 포기한다는 것은 자신의 선택이 잘못됐음을 자인하는 격이다. 그래서 설령 매수한 암호화폐 가격이 떨어져도 투자자의 심리회계는 손실로 산정하길 회피하려 한다.

대부분의 심리학자들은 암호화폐라는 새로운 경제 시스템에 대한 관심은 결코 일회성이 아니라 지속될 것이라고 전망하고 있다. 어쩌면 암호화폐 열풍 자체가 남들에게 뒤처지기 싫어하고 빠른 시일 내 만족한 결과를 얻고 싶은 속성과 무관하지 않을 듯하다. 그런 관점에서 본다면 새로운 경제 시스템에 적응하지 못한 약간의 피로감은 있겠지만 결코 시대적 대세를 거스를 수 없을 것이다.

제3장

암호화폐의 시스템

1. 사토시 나카모토와 블록체인 기술

비트코인의 탄생

비트코인의 원천기술인 블록체인 기술은 제4차 산업혁명을 논할 때 첫 번째 키워드로 꼽히고 있다. 블록체인 기술은 한마디로 모든 구성원이나 컴퓨터로 하여금 은행의 역할을 하게 만든다. 실제로 블록체인 기술은 암호화폐의 거래 내역을 기록하는 장부로, 신용이 필요한 온라인 거래에서 해킹을 막기 위한 기술로 사용되고 있다. 그리고 집단지성, 탈중앙화된 자율 조직, 암호화 등 혁신적인 정보기술(IT)과 이데올로기로서 현재 여러 국면에서 주목받고 있다.

미국 4대 투자은행 가운데 하나 리먼 브라더스의 파산 직후인 2008년 10월 31일 미국 동부 시각 오후 2시 10분에 수백 명의 공학자와 컴퓨터 프로그래머에게 온라인으로 메일 한 통이 도착했다. 발송자는 사토시 나카모토(Satoshi Nakamoto)라는 이름

Bitcoin: A Peer-to-Peer Electronic Cash System

Satoshi Nakamoto
satoshin@gmx.com
www.bitcoin.org

Abstract. A purely peer-to-peer version of electronic cash would allow online payments to be sent directly from one party to another without going through a financial institution. Digital signatures provide part of the solution, but the main benefits are lost if a trusted third party is still required to prevent double-spending. We propose a solution to the double-spending problem using a peer-to-peer network. The network timestamps transactions by hashing them into an ongoing chain of hash-based proof-of-work, forming a record that cannot be changed without redoing the proof-of-work. The longest chain not only serves as proof of the sequence of events witnessed, but proof that it came from the largest pool of CPU power. As long as a majority of CPU power is controlled by nodes that are not cooperating to attack the network, they'll generate the longest chain and outpace attackers. The network itself requires minimal structure. Messages are broadcast on a best effort basis, and nodes can leave and rejoin the network at will, accepting the longest proof-of-work chain as proof of what happened while they were gone.

사토시 나카모토의 발표 논문

을 사용했다. 그는 메일에 첨부한 9장짜리 논문에서 조작이 불가능하고 개인정보를 요구하지 않으면서도 거래의 투명성이 완벽하게 보장되는 획기적인 통화(通貨) 시스템과 이를 구현할 수 있는 기술을 제안했다.

시스템에서 사용할 화폐의 이름은 컴퓨터의 정보 저장 단위인 비트(Bit)와 동전을 뜻하는 코인(Coin)을 합쳐 비트코인(Bitcoin)이라고 이름 지었다. 전 세계적 광풍을 불러일으키고 있는 암호화폐가 태동하는 순간이었다. 비트코인의 출현을 예고한 보안기술 관련 논문 제목은 「비트코인 : 개인 간 전자화폐 시스템(Bitcoin: A Peer-to-Peer Electronic Cash System)」이다.

논문의 초록은 다음과 같다. "개인과 개인 간의 전자화폐는 한 집단에서 다른 곳으로 금융기관을 거치지 않고 직접 온라인 지불을 가능하게 할 것이다. 디지털 서명 기술이 일부 해결해주지만, 믿을 수 있는 제3자가 이중 지불을 방지해야 한다면 그 주요한 장점은 사라지게 된다. 우리는 이 논문에서 개인 간 거래(P2P) 네트워크를 이용한 이중 지불 문제의 해결 방법을 제안하고자 한다. 계속 진행되고 있는 암호화 기반 작업증명 과정의 연쇄상에서 네트워크 시간 및 거래를 암호화하여 기록을 생성하게 되면 작업증명 과정을 되풀이하지 않는 한 바꿀 수 없게 된다. 가장 긴 체인은 각 사건 순서를 입증해주기도 하며, 가장 많은 컴퓨팅 파워가 입증했다는 뜻이기도 하다. 노드들에 의해 제어되는 컴퓨터 전력의 과반수가 협력하여 네트워크를 공격하지 않는 한, 그들은 가장 긴 체인을 생성하며 네트워크 공격자를 능가하게 될 것이다. 이러한 네트워크는 최소한의 구조를 필요로 한다. 각 노드들은 자발적으로 그 네트워크를 떠나거나 다시 합류할 수 있고, 어떤 일이 벌어졌는지에 대한 입증으로 가장 긴 작업증명 체인을 받아들이는 노드들의 메시지가 최대한 공유된다."

그리고 다음 해 2009년 1월 3일, 최초의 암호화폐인 비트코인이 공개되었다.

블록체인 기술로 출현한 암호화폐

　　　　　　　　비트코인은 온라인에서 사용하는 일종의 암호화폐다. 별도의 발행처나 관리기관이 없고 누구나 발행하거나 사용할 수 있다. 은행이나 환전소를 거치지 않고 당사자 간 직거래를 하므로 수수료가 적거나 없다. 다만 상대방을 신뢰할 수 없는 온라인 직접적인 거래의 특성상 화폐를 암호화하는 방식을 택한 것뿐이다.

비트코인은 특정한 비밀 키를 가진 사용자만 정보를 확인할 수 있는 공개 키(Public Key) 암호 방식을 사용한다. 또한 개인 간 거래 네트워크를 활용하여 거래 내역을 사용자들의 컴퓨터에 저장하고 그중 과반수의 데이터와 일치하는 거래 내역만 정상 장부로 인정하는 방식으로 보안 안정성을 유지하고 있다. 블록체인이 비트코인 사용자 모두의 컴퓨터에 저장될 수 있는 것은 이 때문이다.

분산 데이터베이스란 데이터를 물리적으로 분산시켜 다수의 이용자가 대규모의 데이터베이스를 공유하게 만드는 기술이다. 데이터를 분산 배치하므로 비용이 적게 들고 장애에 강하다. 개인 간 거래 방식은 서버나 클라이언트 없이 개인 컴퓨터 사이를 연결하는 통신망이다. 연결된 각각의 컴퓨터가 서버이자 클라이언트 역할을 하며 정보를 공유하게 된다.

비트코인을 비롯한 모든 암호화폐는 지갑(Wallet) 파일 형태로 저장되며 지갑에는 각각의 고유 주소가 부여되고 이를 기반으로 거래가 이뤄진다. 블록체인은 인터넷으로 연결된 암호화폐 사용자들 개인 간의 거래 네트워크를 만든다. 블록을 서로 잇달아 연결한 모음을 의미하는 블록체인은 일종의 공공거래장부(Public Ledger)다. 블록체인이란 이름도 거래 내역의 묶음인 블록(Block)을 차례로 연결(Chain)했다는 뜻이다. 따라서 거래 내용을 중앙 컴퓨터에 저장하는 금융기관과는 달리 블록체인에서는 인터넷에 연결된 모든 거래자의 컴퓨터에 각각 거래장부 사본이 저장되므로 누구나 확인할 수 있다.

그중 사용자 과반수의 데이터와 일치하는 내역은 정상 장부로 확인되어 블록으로 묶여 보관된다. 비트코인의 경우 10분 정도마다 사용자들의 거래장부를 검사하여 해당 시간의 거래 내역을 한 블록으로 묶는다. 만일 특정 사용자의 장부에서 누락 등의 오류가 발견된다면, 정상 장부를 복제해 대체하는 방식으로 수정된다. 새로운 거래 내역을 담은 블록이 만들어지면 앞의 블록 뒤에 덧붙이는 과정이 반복된다.

거래장부가 공개되어 있고 모든 사용자가 사본을 가지고 있으므로 해킹을 통한 위변조가 있을 수 없다. 특히 블록체인은 신용이 필요한 금융거래 등의 서비스를 중앙 집중적 시스템 없이 가능하게 했다는 점에서 높은 평가를 받고 있다. 대표적인 핀테크(FinTech) 기술로서, 비트코인 이외의 다른 온라인 금융 거래에 활용될 가능성도 있다.

통상 온라인으로 자산 거래를 할 때는 판매자와 소비자 사이에 은행이나 신용카드 회사 등의 금융기관이 매개가 된다. 금융기관은 상품을 사는 소비자의 계좌에서 나온 돈을 판매자에게 전달한다. 그리고 그 내용을 통장 같은 공식적인 장부에 기록한다. 금융기관은 이처럼 거래를 중계하고 보증하는 역할을 하면서 거래 금액의 일부를 수수료로 받는다. 하지만 비트코인은 이런 구조를 따르지 않는다. 은행 없이 안전한 거래를 할 수 있도록 모든 비트코인 사용자가 거래의 증인이 되도록 하는 방식을 택했기 때문이다. 수학 문제를 푸는 것은 그 과정의 일부다.

예를 들어 비트코인 시스템에서는 물건을 구입하면서 비트코인을 보낼 때, 마치 이메일을 보내는 것처럼 받는 사람의 전자 지갑 주소와 보내는 돈의 액수만 적으면 된다. 거래 내용은 자동으로 암호로 바뀐다. 그리고 비트코인 시스템은 거래 내용을 10분 단위로 한데 모아 전체 사용자가 공유하는 장부에 기록한다. 이때 장부를 기록하는 권리와 일정 금액의 비트코인을 사용자 중 한 사람에게 주는데, 보상(Reward)으로 주는 비트코인은 새로 발행되는 일종의 수익이다. 사용자들은 보상이 걸린 비트코인을 얻기 위해 경쟁하면서 수학 문제를 풀어야 한다. 그런데 비트코인을 얻기 위해 경쟁하는 사람들이 풀어야 하는 수학 문제란 바로 암호화된 거래 내용이다. 비트코인 시스템은 공개 키 암호화 방식으로 거래 내용을 숨기는데, 한마디로 암호를 만드는 방식과 푸는 방식이 다른 암호 체계다.

이런 장점과 달리 탈세에 악용될 수 있는 익명성 또한 있다.

거래에 이용되는 전자지갑은 숫자와 문자가 뒤섞인 고유의 주소를 가진다. 개인 간 거래 방식이기에 익명성이 특징이지만 각종 불법자금의 온상이 될 우려가 높다. 누구에게 얼마를 줬는지 제3자가 알 수 없으며 송금이나 수금은 기록되지만 보내고 받는 당사자가 누구인지 드러나지 않기 때문이다. 특히 비트코인을 사용하면 거래 내역을 추적한다는 것은 사실상 불가능하다. 인터넷 암시장에서 비트코인이 주로 거래되는 것도 바로 이런 이유 때문이다.

　어떻든 지금의 암호화폐를 만든 기반은 블록체인이다. 암호화폐의 거래 정보를 저장하고 관리, 검증해주는 새로운 기술이었다. 영국의 경제주간지『이코노미스트(The Economist)』는 2015년 10월 31일자에서 블록체인을 신뢰기계(Trust Machine)라고 명명했다. 블록체인 기술이 기계가 사람 대신 사회적 신뢰에 기반한 거래를 수행할 수 있음을 보여주었기 때문이다.

비트코인의 한계

　　　　　블록을 서로 잇따라 연결한 모음이란 의미를 가진 블록체인에 의해 출현한 암호화폐 비트코인이 우수한 암호화폐인 것만은 분명하지만 한계 또한 있다. 채굴은 개인이 컴퓨터를 24시간 켜놓고 은행 대신 전 세계 비트코인 거래 내역의 연산과 검증을 해주고 그 대가로 비트코인을 받는 것을 뜻한다. 특히 비트코인 채굴은 난이도가 계속 높아지기 때문에 초창기에 시작한 사람일수록 더 쉽게 더 많은 비트코인을 얻을 수 있다. 그러나 1초당 처리되는 거래량이 미미하다. 다수의 분산 장부, 즉 블록체인 기록자들이 시시각각 거래 내용을 암호화하여 장부에 저장하면 장부 관리의 대가로 새 비트코인을 보상받는 이른바 채굴 과정에서 지나치게 많은 전력이 소모된다.

미국 매사추세츠공대(MIT)는 비트코인의 이러한 한계를 해결하기 위해 차세대 암호화폐인 트레이드코인(Tradecoin)을 개발 중이다. 트레이드코인은 첨단 암호 기술로 만들어져 국제 거래를 비트코인보다 훨씬 쉽고 안전하고 적은 비용으로 수행할 것으로 보인다. 만약 일반 사업자들이 연합하여 거래 때 트레이드코인을 사용한다면 국가화폐 제도와 맞먹는 효율성과 신뢰도가 담보될 것이다.

실제로 비트코인과 근본적으로 다른 개념으로 설계된 트레이드코인이 출현하면 기존 금융 질서가 붕괴될 가능성까지 제기될 정도다. 앞으로 블록체인 기술이 금융혁명의 차원을 넘어 각종 기업 활동에서 거래의 혁명을 일으키게 될 것만은 분명하다.

비트코인의 개발자는 누구인가

한편으로 그동안 정체가 드러나지 않은 비트코인 개발자의 행방을 놓고 사망설과 복수의 인물설 등 궁금증이 끊임없이 제기되어왔다. 그런 와중에 비트코인 재단(Bitcoin Foundation)의 브록 피어스(Brock Pierce) 회장은 언론과의 인터뷰에서 비트코인 탄생에는 여러 사람이 기여했고, 사토시라고 부를 수 있는 주요 인물만 해도 대여섯 명은 된다고 말했다. 그리고 2008년 10월에 발표한 비트코인 관련 논문의 대표 집필자였던 사토시는 이미 사망했다고 밝혔다. 즉, 사토시 나카모토는 1인이 아닌 복수의 인물이고, 논문의 대표 집필자는 현재로서는 없다는 주장이다.

그런 가운데 새롭게 등장한 주장에 따르면 호주의 컴퓨터공학자 크레이그 스티븐 라이트(Craig Steven Wright)가 최초의 비트코인을 만들었다고 한다. 2016년 라이트 본인이 이 사실을 밝히기 전까지는 사토시 나카모토라는 익명의 개발자 또는 단체가 개발했다고 알려졌지만, 이 역시 사실 확인이 불가능했다.

그동안 비트코인 개발자에 대한 정보는 철저히 비밀에 부쳐진 채 다양한 설이 난무했다. 라이트가 비트코인 개발자라는 의혹이 처음 제기된 것은 미국의 IT 전문 매체들이 개발자로 지목하면서부터다. 이후 2015년 12월 호주 당국이 납세와 관련된 문제로 자택을 압수 수색하면서 설득력을 얻기 시작했다. 그는 호주 퀸즐랜드주 브리즈번 출신으로, 퀸즐랜드대학(UQ)에서 공학을 공부하다가 컴퓨터과학으로 전공을 바꿔 박사과정을 수료했다. 10년 이상의 디지털 포렌식(Digital Forensic) 경력을 보유했으며 지난 20년 동안 IT 관련 일을 한 것으로 알려져 있다.

2. 암호화폐의 구조와 특징

암호화폐를 한마디로 표현하면 인터넷상에서 결제 수단으로 이용되는 암호화된 전자 데이터로 거래 기록을 서로 연결한 것이다. 이것을 블록체인(Block Chain)이라고 한다. 최초의 암호화폐라고 불리며 출현한 비트코인은 현재 대중의 높은 관심을 받고 있다.

블록+체인의 구조

암호화폐의 기반 기술인 블록체인은 은행의 중앙 서버에 모든 것을 기록하는 대신 인터넷으로 연결된 참여자 개개인의 컴퓨터로 거래를 검증하고 블록(Block)이라고 부르는 거래장부의 복사본을 각자 저장해놓도록 한다. 개인과 개인이 직접 거래를 하더라도 수많은 참여자의 컴퓨터 절반 이상이 승인해야 성사되는 구조다. 거래 기록을 조작하려면 비트코인 블록 하나가 만들어지는 10분 동안 네트워크에 연결돼 있는 컴퓨터의 절반 이상을 해킹해야 한다. 현재 전 세계적으로 비트코인 거래장부를 기록하는 컴퓨터가 1만 1,600대에 이른다는 점을 감안하면 이론적으로 해킹이 불가능하다.

비트코인의 경우 거래가 일어날 때마다 모든 구성원들이 장부(Block)를 만들고, 만들어진 장부 중에서 구성원 대다수가 옳다고 인정한 것만을 서로 공유토록 함으로써 은행 없이도 부정 거래를 막을 수 있다. 그러나 장부를 만드는 일에는 많은 시간과 노력이 요구되는 일인 만큼 구성원들이 자발적으로 만들게끔 유도하는 일은 쉽지 않다. 그래서 보상(Reward)이라는 개념을 도입했다. 대다수가 옳다고 인정한 장부를 최초로 만든 사람의 행위를 채굴(Mining)이라고 하는데 일정 금액의 비트코인을 지급함으로써 동기 부여를 하고 있다. 일각에서 블록체인과 암호화폐는 분리가 불가능하다고 하는 것은 이 때문이다.

그리고 블록이 장부를 의미하는데 체인(Chain)이라는 용어를 쓰는 것은 장부는 계속 만들어질 것이고 이럴 경우 장부의 버전을 관리하는 일이 중요하기 때문이다. 장부가 물리적인 책으로 만들어졌다면 페이지 순서대로 정렬해 묶어놓으면 되겠지만 인터넷상의 장부는 그렇게 할 수가 없다. 물론 장부마다 생성된 날짜를 기록해놓을 수 있지만 이럴 경우 인터넷 구성원 모두가 공동으로 사용하는 완벽한 시계가 있어야 한다. 하지만 시계를 관리하는 곳 또한 신뢰가 명확한 기관이어야 하기 때문에 불가능하다. 그래서 해시체인(Hash Chain)이라는 기술을 이용하여 장부를 사슬 엮듯 연결시켜놓는 것이다. 이럴 경우 장부가 만들어진 정확한 시간은 알 수 없겠지만 장부가 만들어진 순서는 알 수 있다. 이는 오래전부터 전자공증시스템을 위해 제안된 기술이지만 지금은 비트코인을 포함한 여러 암호화폐의 보안 기술로 이용되고 있다.

해시, 블록체인 기술의 핵심

해시(Hash)는 암호화 해시함수의 줄임말로 비트코인의 익명성과 투명성, 신뢰성 등을 보장하는 블록체인 기술의 핵심 개념이다. 해시 알고리즘을 통해서 암호화된 값은 블록체인 기반의 암호화폐들이 신뢰성과 익명성을 확보할 수 있게 해준다. 원래의 정보들을 잘게 나누어 이전의 상태를 전혀 알 수가 없는 새로운 값으로 표현해낸 것을 해시값(Hash Value)이라고 한다. 이 값은 이전의 정보는 되돌릴 수 없고 단방향 알고리즘으로 되어 있기 때문에 신뢰성을 보장해준다.

암호화폐 시장의 해시값은 외부 전자지갑으로 입출금된 이체 거래에 발행되는 데이터를 문자열로 치환하여 나타낸 값으로 긴 숫자와 알파벳 조합으로 구성되어 있으며 이동 인식표

(Transaction ID : TXID)라고도 한다. 각각의 코인들은 이러한 해시값을 조회할 수 있는 블록체인 사이트를 통해서 거래의 상세 정보를 알 수 있다. 암호화폐를 채굴할 때 해시율(Hash Rate)을 파악하게 되는데 높을수록 난이도가 높은 암호화폐를 채굴한다고 생각할 수 있으며 이를 풀어나가는 속도는 해시파워(Hash Power)로 나타낸다.

해시파워의 단위는 H/s, MH/s, GH/s, TH/s인데, 1초에 1번 계산하는 것을 1H/s라고 표기한다.

1KH/s=1,000H/s(1초에 1,000번)

1MH/s=1,000KH/s(1초에 100만 번)

1GH/s=1,000MH/s(1초에 10억 번)

1TH/s=1,000GH/s(1초에 1조 번)

비트코인 등을 암호화폐라 말하는 이유도 바로 해시함수 때문이다. 그래서 해시율이나 해시파워도 모두 채굴 능력을 일컫는 단어다. 해시는 임의의 문자 배열인데 거래 정보를 해시로 바꿔 저장한다. 거래 정보가 조금이라도 바뀌면 전혀 다른 값이 생성된다. 그 이유는 해시가 임의값이기 때문이다. 설령 거래 정보가 길다고 해도 해시로 바꾸면 짧아지기 때문에 해시값을 통해 원래 정보와 쉽게 비교할 수 있다.

블록체인은 거래 정보를 담고 있는 블록들의 연결로 각 블록에 담겨 있는 정보에는 10분간의 거래 내역과 변경한 해시값, 그리고 직전 블록의 해시값이 포함되어야 한다. 신뢰성 있는 방법이라고 하는 이유는 현재와 이전 해시가 연결된 구조이기 때문이다. 따라서 해시값 위변조가 성공하려면 실시간으로 블록이 생성되는 속도로 위조 블록을 만들어야 하는데 현실적으로 가능하지 않다.

암호화폐를 얻는, 즉 채굴하는 방식으로는 작업증명(Proof of Work : POW)과 지분증명(Proof of Stake : POS), 그리고 중요도증명(Proof of Importance : POI)이 있다. 작업증명(POW) 방식은 비트코인 등 대다수의 암호화폐가 채택하고 있으며 작업증명에 필요한 암호화 해시함수를 계산하는 대가로 코인을 받는다. 지분증명(POS) 방식은 암호화폐를 만들 때나 거래의 수수료를 받을 때 각자 가진 비율에 따라서 지급받는다. 중요도증명(POI) 방식은 각자의 거래 실적에 따라 중요도를 계산하여 높은 사람에게 더 많은 채굴 수입과 수수료 수입을 지급한다.

블랙코인(Blackcoin : BLK)의 경우 초기에는 작업증명(POW) 방식을 쓰다가 일정 채굴량이 넘어가면서 지분증명(POS) 방식으로 전환되었다. 중요도증명(POI) 방식은 넴(NEM) 같은 암호화폐에서 사용되고 있다. 그리고 송금자와 수신자, 송금액 등의 정보를 숨길 수 있는 영지식증명(零知識證明, Zero Knowledge Proof)의 경우 제트캐시(Zcash)에서 쓰이고 있다. 영지식증명의 경우 개인 키(Private Key)의 정보를 직접적으로 제시하여 송금자를 확인하는 대신 여러 번의 질의 응답을 통해 일정 횟수 이상 계속 맞는 답을 하면 송금자로 인정해주고 있다.

암호화폐는 결제라는 중요한 정보를 취급하면서도 별도의 관리자가 없다. 따라서 중앙 관리자가 일괄적으로 데이터나 시스템을 관리한다. 그리고 이용자가 접근하여 서비스를 받는 형태가 아니라, 이용자끼리 직접 거래 기록을 분산, 공유하는 개인 간의 거래 방식을 채용하고 있다.

일반적으로 금융 거래를 하는 사람들 사이에는 반드시 제3의 기관이 개입하게 된다. 특히 서로 알지 못하는 사람 사이라면 더욱 그렇다. 거래에 불미스러운 일이 일어나지 않도록 중간에 증명해주는 사람을 내세우는 것이다. 이러한 구조적인 문제를 비트코인이 해결한 방식이 작업증명(POW)이다.

작업증명 방식에는 두 가지 목적이 있다. 하나는 거래의 정당성을 체크하는 것, 다른 하나는 기록 조작을 방지하는 것이다. 이러한 방식은 시스템 유지 참가자, 즉 마이너(Miner)가 막대한 계산을 하여 시스템을 유지하는 구조다. 주어진 계산 자체는 어렵지 않으나, 효율적으로 계산할 수 있는 수식이 존재하지 않으므로, 1, 2, 3, 4…과 같이 수를 하나하나 맞춰서 적합한지 확인해야 한다. 값이 없으면 처음부터 다시 해야 하므로 계산에 많은 시간이 소요된다.

비트코인에서는 계산에 'SHA-256 해시함수'가 사용되고 있다. 이것은 미국국가안전보장국(NSA)에 의해 설계된 함수다. 작업증명 방식에 의해 산출된 전 거래 해시를 다음 거래 기록에 맞춰 넣는 것으로 기록끼리의 접속을 매우 견고하게 해준다. 이러한 작업을 함으로써 도중에 끼어 들어온 데이터를 바꾸는 것이 사실상 불가능하므로 거래 조작으로부터 보호될 수 있다.

만약 부정한 생각으로 거래장부를 조작하고자 한다면 체인을 끊어야 하는데 몰래 하려면 개인 간의 거래로 연결되어 있는 이용자 전체의 단말기를 고쳐야 한다. 이용자 전체가 점차 자라나는 체인으로 연결되어 있는 가운데 이 같은 작업을 한다는 것은 사실상 불가능하다. 그리고 비트코인의 거래는 매번 실시되는 것은 아니다. 약 10분에 1회씩 미처리 거래가 일괄 처리로 승인되는 구조다. 이 10분의 시간이 계산에 들어 있다. 그렇게 일괄 처리된 데이터의 덩어리인 블록이 체인과 같이 연결되어 있기 때문에 블록체인인 것이다.

화폐의 채굴자들

따라서 모든 암호화폐는 암호화 기술에 의해 익명성을 지니면서 한편으로 작업증명 방식으로 인해 투명성을 가진다. 이것이 암호화폐의 기반이 되는 기술이다. 바꿔 말해 블록체인은 위조지폐의 발행을 불가능하게 한다. 블록체인의 구축과 유지를 위한 계산에 참가하는 것을 채굴(Mining)이라고 하고, 작업에 종사하고 있는 사람을 마이너(Miner)라고 한다. 그리고 가장 빨리 채굴을 끝낸 사람에게 보수로 비트코인이 지불된다. 비트코인의 가격 상승과 함께 채굴 참가자도 늘어 현재로는 초고속 컴퓨터와 그에 따른 대량의 전력이 필요하게 되었다. 그러므로 사실상 개인이 채굴하는 것은 어렵고, 현재는 마이닝 풀(Mining Pool)이라 불리는 전문적인 채굴 그룹을 만들어 작업하는 것이 일반적이다.

채굴은 비트코인 시스템 유지를 위해 이용자에게 일정한 보상을 주고 컴퓨터 자원을 제공받는 과정이다. 누구라도 채굴기라고 불리는 전용 컴퓨터만 있으면 채굴을 할 수 있다. 채굴기는 일반 PC처럼 메인보드와 메모리카드, 하드디스크 등이 달려있는데, 특이한 점은 고성능 그래픽카드가 6개 정도 꽂혀 있다는 것이다. 채굴자들이 몰리다 보니 한때 그래픽카드 품귀 현상이 빚어지기도 했다. 최근에는 컴퓨터 수백 대를 한꺼번에 돌리는 기업형 조직까지 생기고 있다. 하지만 채굴을 시작하기에 앞서 채산성과 전기료 등을 꼼꼼히 따져봐야 한다. 고성능 채굴기를 한 달간 쉼 없이 돌려도 암호화폐 1개를 얻을 정도밖에 되지 않기 때문이다.

채굴을 하면 거래 내역을 정리하는 대가로 직접적인 비트코인 보상뿐 아니라 해당 거래 당사자들로부터도 거래 수수료를 비트코인으로 따로 받는다. 사실 거래 수수료는 꼭 주지 않아도 된다. 다만 채굴 프로그램은 수수료가 높은 거래부터 처리하도록 프로그래밍되어 있다. 일종의 급행료와 같은 개념이다. 비트코인의 경우 채굴량 2,100만 개가 바닥난 뒤에는 채굴에 대한 직접 보상은 없어지지만 수수료 수입은 여전히 생긴다. 그래서 채굴은 끊이지 않고 계속될 것으로 전망된다. 또한 거래 참여자 3분의 2가 동의해 비트코인 발행량을 늘릴 가능성도 없지 않다.

암호화폐 거래장부인 블록에는 거래 내역과 함께 거래 당사자들의 전자지갑(Wallet) 이름이 담긴다. 지갑은 무작위 난수로 정해질 뿐 소유자의 개인정보는 담겨 있지 않다. 그러한 익명성 때문에 간혹 돈세탁과 금융 범죄 등에 악용되는 경우도 있다. 그러나 2018년 1월 말 실명 은행계좌와 연계하도록 규제하여 이제 한국에선 소유자가 누구인지 알 수 있게 되었다.

퍼즐을 풀어라

이 밖에도 암호화폐에는 또 다른 문제가 하나 있다. 인터넷 발달의 주요 요인 중 하나인 익명성은 다수 사용자들의 자유로운 의사 표현을 도와 다양한 인터넷 기반 분산 시스템을 활성화하는 데 적잖은 도움이 되어왔다. 하지만 익명성은 개인의 정보가 외부로 알려지지 않는다는 점 때문에 악용될 소지가 다분했다. 특히 분산 시스템은 한 명의 악의적인 사용자가 다수의 가짜 신분을 생성하고 조정하는 시빌 공격(Sybil Attack)에 매우 취약하게 만든다.

시빌 공격을 막기 위한 방식으로 분산 시스템상에서 신분 생성 작업의 복잡도를 높이는 것이 있다. 또한 시스템상의 신분과 현실상의 신분의 연결 고리를 만드는 방법을 생각해볼 수 있다.

하지만 복잡도를 높이는 방식은 가짜 신분을 만드는 데 시간이 좀 더 걸리게 할 수 있을 뿐이지 일단 가짜 신분이 만들어진 이후에는 대응할 방법이 없다. 또한 현실상의 신분과의 연결을 사용할 경우 온라인 사용자의 익명성이 훼손당할 우려도 있다.

실제로 사람들에게 그냥 장부를 만들고 검증하라고 하면 한 사람이 여러 개의 ID를 만들어 각각의 ID로 장부를 생성해낼 수 있다. 그렇게 되면 한 사람의 의견이 마치 다수의 의견인 것처럼 포장될 수 있다. 한마디로 구성원 대다수가 인정한 장부가 아닌 특정 개인이 만들고 인정한 그릇된 장부를 옳다고 여길 수도 있게 된다.

최초 개발자는 이러한 문제를 해결하기 위해 하나의 장부를 만들려면 매번 암호학적으로 아주 어려운 문제(Crypto Puzzle)를 하나씩 풀도록 했다. 이럴 경우 한 사람이 여러 개의 ID로 장부를 만들려면 동시에 여러 개의 문제를 풀어야 하므로 오랜 시간이 걸리게 되어 결과적으로 제 시간 안에 장부를 만드는 것이 불가능해진다. 이러한 작업증명(POW) 기술은 원래 스팸메일을 방지하기 위해 만들어졌던 것이다.

비트코인도 독점된다

최근 들어 암호화폐의 가치가 올라가면서 특히 중국에서는 특수 장비를 구비하여 전문적으로 장부를 만드는 사람들이 나타나기 시작했다. 이들을 마이닝 풀(Mining Pool)이라고 한다. 이러한 행위는 구성원들의 참여를 통한 탈중앙화라는 블록체인의 목표에 상당히 부정적인 영향을 끼친다. 실제로 상위 3~4개의 마이닝 풀이 장부를 조작할 수 있기 때문이다.

최근에 암호화폐 시스템을 사실상 일부 세력이 독점한 것으로 드러났다. 그래서 암호화폐가 애초에 목표로 했던 탈중앙화의 구현에 실패했다는 지적도 있다. 2018년 2월 암호화폐 통계 정보를 제공하는 '블록체인 인포(Blockchain.info)'에 따르면 암호화폐 블록의 채굴 점유율은 일부 대형 채굴 그룹인 마이닝 풀들이 독점하고 있는 것으로 나타났다. 24시간 기준으로 전체 채굴된 블록의 점유율은 'BTC.com'이 25.3%, 'AntPool'이 16.5%, 'BTC.TOP'가 14.6% 등으로 과반수를 차지한다. 그중에서 최상위 2개의 마이닝 풀은 중국의 '비트메인(Bitmain)' 소속이다. 결과적으로 한 회사가 40%가 넘는 블록을 점유하고 있는 셈이다. 현재 대부분의 채굴은 전력 요금이 상대적으로 저렴한 중국에서 이뤄지고 있으나, 세계 최대의 비트코인 채굴 업체인 비트메인은 채굴 단속에 대비하여 장소를 캐나다 퀘벡으로 옮기는 방안을 고려하고 있다고 한다.

채굴된 블록을 많이 점유할수록 코인의 시스템 업데이트 등 중요한 의사 결정 과정에서 더 큰 영향력을 행사할 수 있다. 암호화폐 경제 내에서는 블록이 사실상 중앙기관이기 때문이다.

이러한 문제는 사실 오래전부터 지적되어왔다. 스위스 취리히 공대에서 2014년 발표된 「비트코인은 탈중앙화된 화폐인가」라는 논문에 따르면, 비트코인 시스템은 당시 이미 소수 집단이 독점한 것으로 분석되었다. 논문은 "몇몇 개발자들과 채굴 집단들이 비트코인과 거래 시장의 주도권을 쥐고 있다"며 "기존 화폐와 달리 이들의 권한을 막을 어떠한 규제 수단도 없다"고 경고했다. 그래서 블록체인 개발자들 사이에서는 지금껏 비트코인의 결점 연구가 계속되고 있다.

일각에서는 비트코인처럼 수식을 계산하는 작업증명(POW) 방식의 채굴을 벗어나 소유 화폐량을 통해 일반 개인용 컴퓨터로도 채굴이 가능케 하는 지분증명(POS) 방식을 대안으로 내세우면서 퀀텀(QTUM)처럼 작업증명 방식을 버린 암호화폐가 등장하기도 했다. 퀀텀은 2016년 싱가포르의 퀀텀재단(Qtum Foundation)이 개발해 발표했다. 'UTXO', 즉 소비되지 않은 거래의 출력값(Unspent Transaction Output) 모델을 사용하는 스마트 컨트랙트(Smart Contract) 플랫폼이다. 스마트 컨트랙트란 블록체인에 여러 조건을 설정한 전자 계약 기능으로서, 비트코인과 이더리움의 기술을 혼합한 것이 특징이다. 이러한 기능을 통해 기존의 블록체인 생태계와 원활하게 호환하여 다양한 분야에 활용될 가능성이 높다. 암호화폐 퀀텀은 대표적인 알트코인의 하나로 최대 발행량은 1억 퀀텀이다.

10년 후 살아남을 암호화폐는?

블록체인의 미래가 긍정적이라고 해서 모든 암호화폐가 전부 경제적 이익을 가져다줄 수 있는 것은 아니다. 현재도 암호화폐가 실생활에서 화폐를 대신하여 사용되는 경우는 별로 없다. 그렇기 때문에 암호화폐 투자는 상장된 기업들이 사업을 통해 이익을 내어 배당금을 지급하는 주식과도 다르고, 발행 주체인 정부가 가치를 보증하는 외환 투자와도 다르다. 유명 해지펀드나 금융사가 투자했다고 가치가 상승하는 것도 아니고 오로지 신규 투자자들의 유입에 의해서만 가치 상승이 이루어지고 있다. 이는 결국 누군가 이득을 본다면 다른 누군가는 반드시 손해를 보는 구조다.

그럼에도 불구하고 암호화폐는 빛의 속도로 진화하고 있다. 비트코인은 애초부터 금융 거래에 특화되었다. 후발주자인 이더리움은 금융뿐 아니라 차량이나 농산물 등 모든 종류의 거래는 물론 투표에까지 응용할 수 있는 다용도 플랫폼으로 설계되었다. 이처럼 하루가 멀다 하고 개량된 암호화폐가 쏟아져 나오고 있다.

1990년대 검색엔진이 등장했을 때도 라이코스(Lycos), 마젤란(Magellan), 알타비스타(AltaVista), 익사이트(Excite) 등이 서로 다투었다. 한때 야후(Yahoo)가 절대 강자로 부상하는 듯했지만 후발주자 구글(Google)에 밀렸다.

검색엔진처럼 블록체인의 본질은 플랫폼이다. 플랫폼은 여러 개가 공존하기 어렵다. 지금까지 나온 암호화폐 가운데 5년 혹은 10년 후 시장을 장악할 것은 아마 10개도 안 될지 모른다. 대다수는 점차 사라지거나 작은 틈새시장으로 전락할 것이다.

최초의 암호화폐인 비트코인은 2009년 1월에 사토시 나카모토라는 익명의 개발자가 알고리즘을 공개하면서 채굴이 시작되었다. 이어 2011년 10월에 라이트코인(Litecoin : LTC)이 출현했고 2013년 4월 리플(Ripple : XRP), 2015년 1월 원코인(OneCoin), 그리고 2015년 7월에 이더리움이 나왔다. 현재 시중에 나온 암호화폐는 무려 1,500여 종에 이르지만 99% 이상은 모두 2016~2017년 사이에 만들어진 것들이다.

암호화폐는 크게 채굴형과 발행형으로 나눌 수 있다. 일반적으로 암호화폐는 모두 채굴이라는 과정을 통해 코인이 만들어진다. 비트코인을 비롯하여 이더리움, 원코인 등 대부분의 암호화폐가 여기 속한다. 이러한 암호화폐들은 대개 민간에서 만들어졌다. 반면 러시아 정부는 2017년 10월 16일 블록체인 기술을 도입한 국영 암호화폐 크립토루블(CryptoRuble)을 발행했다. 이는 정부 주도로 공급하는 모델이기 때문에 채굴할 수 없도록 되어 있다.

이더리움과 이더리움 클래식(Ethereum Classic : ETC)은 비트코인과 함께 국내외 암호화폐 시장을 이끌고 있다. 지난 2016년 전체 이더리움의 10%가량이 해킹된 사건으로 가치 하락을 경험했지만, 이후 이더리움 클래식으로 복귀하여 현재까지 암호화폐 순위 2위 자리를 지키고 있다. 비트코인과 마찬가지로 채굴을 통해 얻을 수 있고 블록체인을 기반으로 몇 가지 옵션을 추가할 수 있다. 즉, 계약서와 소셜네트워크서비스(SNS), 이메일 등의 정보를 기록하거나, 원하는 사용처에서만 이용하도록 하는 것이다.

라이트코인의 경우 비트코인만큼은 아니어도 높은 인지도를 유지하고 있으며, 다양한 상점들과의 파트너십을 통해 이용의 편의성을 높이고 있다. 여러모로 비트코인과 비슷하지만, 블록의 갱신 주기가 매 2.5분으로 비트코인의 1/4 수준이며, 발행량 또한 8,400만 코인으로 비트코인에 비해 4배 정도 많다는 점이 다르다.

리플은 구글이 투자하고 글로벌 은행들이 블록체인 네크워크에 참여하고 있어서 전 세계의 관심이 집중되고 있다. 또한 채굴 과정이 필요한 비트코인과 달리 초기에 이미 1,000억 개의 코인이 발행되어 있다. 특히 전 세계를 대상으로 하는 대량 결제를 단 몇 초 이내에 빠르게 처리할 수 있기 때문에 해외 송금에 특화된 암호화폐다.

최근 비트코인의 시가총액 비중은 암호화폐 전체의 3분의 1로 줄었다. 그 빈자리는 거래 합의 프로세스를 소프트웨어에 내장한 스마트 계약이 장점인 이더리움, 국가 간 송금이 편한 리플, 개인정보 보호에 강한 모네로(Monero)와 제트캐시, 자선단체에 송금하기 좋은 스텔라(Stellar) 등의 신생 암호화폐가 차지했다. 그 밖에도 실제 아무런 가치가 없는 일종의 금융 다단계 코인들까지 합친다면 개발된 암호화폐가 전 세계적으로 수천 종류가 넘을 것으로 추측된다.

흥미로운 것은 인터넷에서 유행한 일본의 개 시바이누(柴犬)를 마스코트로 삼아 개발한 도지코인(Dogecoin)이 현재 시가총액 13억 달러로 업계 순위 36위에 올라와 있다는 사실이다. 놀이처럼 시작했고 온라인을 제외하곤 딱히 쓸 데도 없는데 말이다. 코인마켓캡에 있는 1,500여 개의 암호화폐 중에 시가총액 10억 달러를 웃도는 건 도지코인을 비롯해 40개뿐이다.

머지않아 전 세계 1억 8,000만 명의 사용자를 거느린 텔레그램(Telegram)이 암호화폐 시장에 뛰어들고 페이스북도 암호화폐 발행을 검토 중이라고 한다. 영국의 시사주간지 『이코노미스트』는 페이스북이 실제 시장에 진입한다면 비트코인 전성시대도 얼마 남지 않았다고 보도했다.

3. 블록체인과 비트코인

블록체인 시스템의 특징

암호화폐 비트코인이 화제가 되면서 블록체인이란 용어를 언론매체나 인터넷에서 자주 접하게 되었다. 비트코인과 블록체인은 혼동되어 사용되기도 하지만 엄밀히 말해 같은 의미는 아니다. 암호화폐는 블록체인 기술을 응용해 만든 시스템으로, 암호화폐가 블록체인의 전부는 아니다. 블록체인은 기본적으로 블록이라고 불리는 단위로 데이터를 묶은 뒤 수많은 컴퓨터에 복제해 저장하는 기술이다.

다시 말해 공공 거래장부로 불리는 데이터 분산 처리 기술이 블록체인이다. 이는 암호화폐로 거래할 때 발생할 수 있는 일종의 해킹을 막는 기술이다. 기존 금융사의 경우 중앙 집중형 서버에 거래 기록을 보관하는 반면, 블록체인은 거래에 참여하는 모든 사용자에게 거래 내역을 보내주며 거래 때마다 이를 대조하여 데이터 위조를 막는 방식을 취한다. 블록놀이와 원리가 비슷하다. 블록을 쌓다가 중간에 한 블록의 색깔을 바꾸고 싶다고 그 부분만 억지로 빼낼 수 없다. 위쪽의 블록들을 모두 빼내고 원하는 색깔의 블록으로 바꿔준 뒤에 다시 윗부분을 쌓아줘야 한다. 블록체인도 마찬가지다.

기존의 금융 거래에서는 은행이 모든 거래 내역을 손에 쥐고 거래를 총괄 관리한다. A가 B에게 100만 원을 송금하고 싶다면 지금의 금융 시스템에서는 은행이 중간 역할을 해줘야 한다. 은행이 A가 B에게 100만 원을 줬다는 사실을 증명해줘야 하기 때문이다. 은행은 두 사람 사이에 안전하게 거래할 수 있도록 중간 역할을 한다.

물론 블록체인도 거래 내역을 저장하고 증명한다. 기존 은행과의 차이라면 거래 내역을 은행이 아닌 여러 명이 나눠서 저장한다는 것이다. 만약 한 네트워크에 10명이 참여하고 있다면 A와 B의 거래 내역을 10개의 블록으로 생성하여 모두에게 전송, 저장하게 된다. 나중에 거래 내역을 확인할 때는 블록으로 나눠 저장한 데이터들을 연결하여 모두 확인해야 한다.

블록체인 시스템의 특징을 한마디로 표현하면 신속성과 안전성, 그리고 투명성과 비용 절감 등으로 요약된다. 또한 분산 저장도 빼놓을 수 없다. 지금까지는 은행의 중앙 서버를 공격하면 데이터를 위조하거나 변조할 수 있었지만, 블록체인은 여러 명이 데이터를 저장하기 때문에 그럴 수 없다. 블록체인 네트워크의 위조나 변조를 위해서는 참여자 전체의 거래 데이터를 모두 공격해야 하기에 사실상 해킹이 불가능하다.

또 다른 특징으로 중앙 관리자가 필요 없다. 은행이나 정부 같은 중앙기관이나 관리자가 필요했던 이유는 공식적인 증명과 등기, 인증 등이 필요했기 때문인데, 블록체인은 다수가 데이터의 저장과 증명을 하기 때문에 중앙 관리자가 필요치 않다.

이러한 독특한 특장점이 있지만 명확한 한계도 있다. 블록체인을 활용한 금융 거래는 거래 취소가 어렵고 중앙 관리 장치가 존재하지 않기 때문에 설령 거래 과정에 문제가 발생해도 책임 질 사람이 없다.

비트코인과 같은 암호화폐가 등장하게 된 것도 블록체인 덕분이다. 블록체인을 사용하게 되면 중앙은행이 없더라도 화폐를 발행할 수 있다. 비트코인은 그것을 발행한 기관도 없고 통제하는 기관도 없다. 익명의 개발자가 비트코인 네트워크만을 만들었을 뿐인데. 비트코인을 원하는 사람들이 직접 채굴하여 발행하고 있다. 중앙은행 없이도 화폐의 발행과 유통이 가능하다는 것을 비트코인이 보여준 것이다.

블록체인을 통한 화폐의 탈중앙화

개발자가 암호화폐를 통해 추구한 이상은 명확했다. 2009년 1월 최초로 비트코인을 만들면서 완벽하게 탈중앙화(Decentralized)한 시스템이라고 주장했기 때문이다. 금융기관이 금융 거래 정보를 독점하면서 막대한 수수료 수익을 챙기는 기존 시스템을 바꾸자는 것이었다. 개발자는 논문에서 "금융기관에 점차 더 비싼 수수료를 내야 하고, 금융기관은 사고를 막겠다는 이유로 쓸데없이 더 많은 개인정보를 요구하고 있다"고 지적했다.

채굴(Mining)은 암호화폐인 비트코인을 만들어내는 것을 뜻한다. 고성능 컴퓨터로 채굴 프로그램을 돌려 복잡한 연산을 계속 이어가면 된다. 딱히 사람이 할 일은 없다. 그냥 컴퓨터를 24시간 켜두고 전기료를 부담하면 된다. 컴퓨터 화면에 어지러운 숫자와 코드들이 뜨는데, 최근 10분간 쌓인 전 세계 비트코인 거래 내역을 검증하고 암호화하여 저장하는 과정이다. 그 대가로 일정량의 비트코인을 받는다.

비트코인의 개수는 총 2,100만 개로 제한되어 있으며 채굴 과정을 거쳐 시장에 나온다. 2009년 1월 3일 블록체인에 의해 비트코인에서 만들어진 제네시스 블록(Genesis Block)이란 최초의 블록이 채굴되었다. 채굴 보상으로는 50비트코인이 주어졌다. 최초로 비트코인 블록을 채굴한 사람은 개발자 본인으로 추정하고 있다. 두 번째 블록은 엿새 뒤인 1월 9일 채굴됐다. 당시에 비트코인의 가치에 관심을 갖는 사람은 아무도 없었다. 조금만 관심 있는 사람이라면 누구든 자신의 집에서 PC로 블록을 채굴하여 비트코인을 얻을 수 있었다.

현재 비트코인은 총량의 80% 수준인 1,682만 개가 채굴됐다. 1코인당 1만 5천 달러 정도로 거래되고 있고, 시가총액만 2,540억 달러에 이른다. 전 세계가 주목하는 비트코인 개발자의 실체는 아직도 베일에 싸여 있다. 전 세계 미디어가 추적했지만 결국 실패했다. 현재 그는 비트코인 채굴로 100만 비트코인, 한화 약 11조 5,000억 원 상당을 소유하고 있는 것으로 추정된다.

블록체인 기술의 폭넓은 응용

블록체인의 첫 출발은 비트코인이었지만 블록체인 애플리케이션의 확장 가능성은 무궁무진하다. 금융뿐만 아니라 의료 데이터, 행정 서비스, 사물인터넷(IoT) 플랫폼까지 활용 범위를 넓혀가고 있다.

한편에서는 중앙기관과 은행을 대체할 것이라는 극단적인 전망을 내놓고 있지만 당장 블록체인이 모든 중앙기관을 대체하기는 어려울 것으로 보인다. 현재 비트코인만 해도 가치가 매일 몇십만 원 단위로 오르락내리락하면서 투기성이 지적되고 있는 등 부정적인 측면이 많기 때문이다. 그러나 높은 신뢰성과 보안성을 갖춘 블록체인이 네트워크를 더 안전하게 만드는 기술로 각광받으며 산업 전 분야에 확산될 것만은 분명하다.

암호화폐의 기반이 된 블록체인 기술은 거래 기록을 관련된 모든 당사자의 컴퓨터에 분산, 저장하는 기술로 인해 암호화폐

뿐만 아니라 다양한 분야에서 활용되고 있다. 앞으로는 1세대 비트코인과 2세대 이더리움을 잇는 3세대 암호화폐가 대두될 것이다. 비트코인은 최초의 암호화폐라는 의미가 있고, 이더리움은 지정된 조건이 충족될 때 자동으로 거래가 이뤄지는 스마트 계약을 대중화한 특징이 있지만 개발 비용과 거래 속도, 에너지 효율성, 확장성, 보안 등의 측면에서 나름의 한계가 있다. 하지만 3세대 암호화폐는 이용자들의 실시간 투표를 통해 여러 기능을 더하거나 뺄 수 있다는 것이 장점이다.

암호화폐는 블록에 개인 간의 거래 내역을 저장한다. 비트코인의 경우 블록에 A가 언제 B에게 비트코인 몇 개를 줬다는 데이터가 담긴다. 블록체인에 어떤 정보를 저장하느냐에 따라 활용할 수 있는 분야는 무궁무진하다. 단순 금융 거래뿐 아니라 개인정보와 유통, 계약, 예술, 엔터테인먼트, 부동산과 같은 다양한 영역의 데이터를 블록에 담아 저장할 수 있다.

예컨대 물류 블록체인을 만든다면 '경남 거창에서 생산된 배추가 그곳 공장에서 김치로 가공되어 부산항을 거쳐 어떤 선박을 통해 일본 오사카항에 도착했다'는 정보를 블록에 담을 수 있다. 이 내용은 매 과정 계속 업데이트되어 관여된 모든 사업자가 공유할 수 있다. 블록체인을 통해 김치의 유통 과정이 한층 더 투명해지는 것이다. 물론 참여자들이 의도적이고 치밀하게 담합하여 생산과 유통 과정의 일부를 속일 가능성까지 배제할 수 없다. 블록체인이 정보의 보안과 투명성을 100% 보장할 수는 없기 때문이다. 하지만 블록체인 기술이 적용되지 않는 물류 시스템에서는 특정 항구 관리인이 서류의 원산지나 유통기한을 손쉽게 조작할 수 있었다면, 블록체인 시스템을 적용할 경우 배추를 키워 생산한 농민이나 포장한 사람, 그리고 배로 운반한 업자가 모두 정보를 공유하고 있기 때문에 지금보다는 위변조가 훨씬 어려워진다.

최근 들어 전 세계 기업들은 블록체인 기술 상용화에 앞 다투어 뛰어들고 있다. 물류 블록체인은 IBM과 삼성SDS가 해운과 항만 물류 업무에 적용하기 위해 준비 중이고, 스웨덴은 국가 차원에서 토지대장을 블록체인에 담으려는 정책을 추진하고 있다. 미국의 코닥(Kodak), 일본의 도요타(Toyota) 등 글로벌 기업들도 각각 사진 거래와 차량 공유에 블록체인을 활용하겠다는 계획을 세워놓고 있다.

남미에서는 암호화폐 이더리움을 활용한 블록체인 개인 간 거래(P2P) 대출 서비스를 하고 있다. 개인과 개인이 직접 대출 계약을 맺고, 이 과정에서 신용평가사와 보증인이 수수료를 받는 구조다. 기술산업 뉴스의 온라인 출판사 테크크런치(Tech-Crunch)는 "블록체인을 응용한 개인 간 거래 대출은 기존 은행처럼 관리비용이 전혀 들지 않기 때문에 저렴한 이자로 대출을 받을 수 있고, 중개 수수료도 더욱 낮출 수 있다"면서 앞으로는 블록체인 기술이 기존 은행의 수익 구조를 완전히 바꿔놓을 것이라고 말한다.

4. 프라이빗 블록체인과 퍼블릭 블록체인

암호화폐를 블록체인 관점에서 보면 채굴형인 퍼블릭 블록체인(Public Block Chain)과 발행형인 프라이빗 블록체인(Private Block Chain)으로 나눌 수 있다.

퍼블릭 블록체인:채굴형, 개방형

대부분의 암호화폐는 퍼블릭 블록체인, 즉 채굴형이다. 퍼블릭 블록체인은 비트코인이나 이더리움같이 누구나 채굴에 참여할 수 있는 개방된 블록체인이다. 개방형 퍼블릭 블록체인은 누구나 해당 블록체인에 참여할 수 있도록 되어 있다. 구성원 모두가 참여하여 장부를 만들고 검증한다.

최초의 암호화폐인 비트코인이 개방형 퍼블릭 블록체인을 채용하였기에 이후에 나온 모든 암호화폐들이 그러한 방식에 따르고 있다. 그런데 개방형 블록체인은 처리 속도에 문제가 있다. 기존 금융권에서는 대량의 거래 데이터를 신속하게 처리하는 것이 핵심이다. 그런데 이 같은 거래 처리 속도를 개방형 블록체인에서 구현하기란 쉽지 않다.

비트코인은 매 거래 10분 간격으로 블록을 통해 기록되며, 각 블록에 기록할 수 있는 데이터 크기는 최대 1메가바이트(MB)에 불과하다. 개방형 블록체인인 비트코인의 경우 초당 7건의 거래를 처리할 수 있다. 초당 1만 건 이상 이체를 처리하는 기존 시스템과 비교했을 때 글로벌 결제 시스템이 되기엔 역부족이다. 그래서 처리 속도와 데이터 크기 등의 문제로 비트코인이 분열되기도 했다.

퍼블릭 블록체인은 암호화폐라는 경제적 인센티브에 의해 작동된다. 누구나 참여와 운영이 가능하고 주체가 광범위하지만 실제로는 불분명하기 때문에 법적 구속력에서 상대적으로 자유롭다. 그리고 누구나 데이터를 읽을 수 있기 때문에 투명성은 보다 확실히 보장되는 장점이 있다.

하지만 모든 노드들이 참여하기 때문에 각 트랜잭션의 내용이 공개되고 검증 또한 모두가 참여하기 때문에 성능이 저하될 수 있다. 악의적인 의도를 가진 해커들도 손쉽게 참여할 수 있기 때문에 성능의 저하는 피할 수 없는 구조다. 이러한 상황을 미연에 방지하기 위한 연산도 추가적으로 수행해야 한다.

참고로 비트코인의 경우 10분마다 1개의 블럭이 생성되며,

이더리움은 12초마다 1개 블럭이 생성된다. 그리고 블록체인의 엔진 수정이 어렵다. 참여하고 있는 많은 사람들의 동의를 얻어 조금씩 수정할 수 있지만, 그 과정이 오래 걸리거나 복잡하다. 심각한 경우 하드포크(Hard Fork) 등의 문제가 발생하여 해당 네트워크가 나눠지는 상황이 발생할 수 있다.

하드포크는 블록체인 프로토콜이 어느 한 시점에서 급격하게 변경되는 것을 뜻한다. 잇따라 연결된 체인이 어느 한 시점에서 두 갈래로 쪼개지는 것이다. 개발자들이 기존 소프트웨어 소스 코드를 통째로 복사하여 독립적인 새로운 소프트웨어를 개발하면 하드포크가 발생, 두 갈래의 체인이 생긴다. 기존 체인과 하드포크로 생긴 새로운 체인이다. 새로운 체인의 경로를 따를 참여자는 소프트웨어를 최신으로 업그레이드해야 한다. 그래서 하드포크를 일종의 소프트웨어 업그레이드라고 말한다.

개발자들은 이전 버전의 소프트웨어에서 심각한 보안상 취약점을 발견했을 때나 소프트웨어에 새로운 기능을 추가하거나 개선하려 할 때 하드포크를 한다. 보안상 취약점이 발견되어 하드포크가 일어난 대표적인 예가 이더리움이다. 하드포크 여부는 참여자의 과반수 지지 여부에 따라 결정한다. 당시 이더리움 블록체인 참여자의 85% 이상이 소프트웨어를 업그레이드함으로써 하드포크로 생긴 새로운 갈래를 지지하여 공식적인 이더리움 블록체인이 되었다. 하지만 그것을 지지하지 않던 나머지가 이더리움 클래식을 만들었다.

또한 퍼블릭 블록체인에서는 흔히 코인(Coin)이라는 내부 화폐가 필요하다. 분산 합의 후 블록을 생성하기 위해 신뢰할 수 있는 노드를 선택하고 검증하는 단계인데, 이러한 작업을 위해서는 수고에 대한 대가를 지불해야 하기 때문이다. 여기에 쓰이는 코인은 오로지 채굴 과정을 통해서만 획득할 수 있다.

프라이빗 블록체인:발행형, 허가형

개방형인 퍼블릭 블록체인에서는 구성원 모두가 장부를 만들고 이를 확인하는데 이것은 쉽지 않은 일이다. 참여자들이 점차 많아져 초당 거래 건수가 늘어나면 늘어날수록 더욱 어려워진다. 만약 10명이 초당 1건의 거래를 일으킨다면 각자가 10건의 거래 기록을 장부에 기록하면 되지만 300만 명이 초당 1건의 거래를 발생시킨다면 구성원 각자가 초당 300 건개의 거래 내역을 장부에 기록해야 한다. 그래서 장부를 만들고 검증하는 일을 소수에 위임하게 되는데 이를 프라이빗 블록체인(Private Block Chain)이라고 한다. 허가형 프라이빗 블록체인은 한정된 참여자만 분산 네트워크를 구성한다.

간혹 논란이 되는 암호화폐와 블록체인 기술은 아마도 특정 국가나 기업이 만드는 프라이빗 블록체인을 두고 하는 말이다. 프라이빗 블록체인은 컨소시엄 블록체인(Consortium Block Chain)이라고도 하며 은행이나 공공기관 등에서 허락된 소수 사람들만이 관리할 수 있는 개방되지 않은 블록체인을 지칭한다. 리플과 원코인이 대표적인 프라이빗 암호화폐다.

또한 코닥이 사진 거래를 위해 만든 코닥코인(KODAKCoin)은 130년 전통을 자랑하는 필름업체 '이스트먼 코닥(Eastman Kodak)'이 자체 발행한, 사진가를 위한 프라이빗 암호화폐다. 코닥은 블록체인 기술을 이용하여 사진 원작자와 구매자 모두 기록되는 방법으로 코닥코인을 발행했다. 사진을 구매하는 사람이 사진을 인화하면 저작권료가 곧바로 원작자에게 지불되는 구조다. 이를 위해 사진 배급업체 '웬 디지털(WENN Digital)'과 함께 이미지 저작권 관리 플랫폼 '코닥원(KODAKOne)'을 개설했다. 사진가들은 여기에 사진을 올려 코닥코인을 매개체로 저작권 수익을 창출하고 있다.

그러나 프라이빗 블록체인은 암호화폐 발행을 독점하고 있는 중앙은행이 화폐를 발행함으로써 얻는 이익, 다시 말해 화폐의 액면가에서 제조 비용을 뺀 이익을 독식한다. 이러한 점이 비트코인과 이더리움 같은 퍼블릭 블록체인과 본질적으로 구별된다. 프라이빗 블록체인의 생명은 발행 주체의 신뢰도에 달려 있다. 그래서 구글과 아마존처럼 자본과 기술력을 갖춘 대기업이 절대적으로 유리하다.

프라이빗 블록체인은 운영 주체가 명확하기 때문에 법적인 규제를 준수해야 한다. 그러나 노드 간의 권한을 다르게 설정할 수 있고, 허가받은 대상들만 참여할 수 있기 때문에 퍼블릭 블록체인에 비해 상대적으로 적은 노드 수를 운영하게 되며 이는 성능 향상으로 이어질 수 있다. 또한 블록체인 엔진을 수정하는 데 드는 비용도 상대적으로 저렴하고, 참여한 각 노드들의 권한들도 다르게 설정할 수 있기 때문에 운영상의 자유도도 보장되는 등 여러 장점이 있다.

퍼블릭과 프라이빗, 규제와 금지

암호화폐 없는 퍼블릭 블록체인은 존립할 수 없다. 암호화폐의 거래 금지는 프라이빗 블록체인을 키우고 퍼블릭 블록체인은 사장시키는 결과를 낳는다. 암호화폐 투기를 막으려다가 자칫 구글과 아마존 같은 거대 글로벌 IT 기업에 특혜를 주고 벤처기업의 싹을 자르는 모순에 빠질 수 있다.

5. 비트코인 그리고 이더리움과 리플

비트코인의 분열

암호화폐라고 불리는 것은 현재 다양한 종류가 개발되어 있다. 대략 수천 종 이상이 발행되어 있다고는 하지만 실상은 정확한 숫자를 파악하기 어려울 정도다. 하지만 누구라도 상당한 수준의 지식과 기술을 갖춘다면 발행하는 것 자체가 결코 어려운 일은 아니다. 그중에서 최초로 개발되었고 거래 수에 있어서 최대 규모의 비트코인이 대표적인 암호화폐라는 데 반문의 여지가 없다.

포크(Fork)는 암호화폐의 기반이 되는 블록체인을 업그레이드하는 기술로 한곳에서 분기가 발생하는 것을 뜻한다. 호환성 여부에 따라 소프트포크(Soft Fork)와 하드포크(Hard Fork)로 나뉘는데 소프트포크는 이전 버전과 호환 가능한 업그레이드를, 하드포크는 불가능한 업그레이드를 말한다. 하드포크를 적용하면 이전 버전의 블록체인을 사용할 수 없기 때문에 그곳에서 개발되어 채굴하던 사용자의 대다수가 업그레이드에 찬성해야 적용할 수 있다.

2017년 8월에 비트코인이 분리되어 비트코인과 비트코인 캐시(Bitcoin Cash : BCC)로 나눠졌다. 분열된 이유는 비트코인이 거래되는 블록체인의 용량을 두고 개발자와 채굴업자의 입장이 달랐기 때문이다. 블록체인은 10분당 블록 1메가바이트(MB)를 생성하여 거래할 수 있어서 1초에 7건의 거래가 가능하다. 그러나 거래량이 급증하여 빠른 시간 내에 거래를 처리하지 못해 문제가 생겼다. 이에 개발자는 블록에서 복잡한 서명을 분리하여 처리 용량을 늘리는 세그윗(segwit) 도입을 제시하였다. 그러나 채굴업자들은 세그윗이 기존 방식의 채굴을 어렵게 할 것이라고 판단하여 반대하였고 결국 새로운 암호화폐 비트코인 캐시를 출범하기에 이르렀다. 그리고 10월에는 비트코인 골드(Bitcoin Gold : BCG), 11월에는 비트코인 다이아몬드(Bitcoin Diamond : BCD)가 잇따라 분리되어 나왔다.

비트코인을 대체하라

비트코인 이외의 암호화폐를 알트코인(Altcoin)이라고 부른다. 알트코인은 알트(Alt)와 코인(Coin)의 합성어로서, 여기서 알트(Alt)는 'Alternative(대체 가능한, 대안 가능한)'의 약자다. 비트코인을 대체할 수 있는 모든 암호화폐를 통틀어 일컫는 용어가 알트코인이다.

수많은 암호화폐 중에서 비트코인을 대체할 만한 것으로는 이더리움과 리플 정도가 있다. 그 밖에도 리스크(Lisk), 모네로(Monero), 오가(Augar), 넴(Nem) 등이 있으며, 한국의 암호화폐 거래소에서 비교적 쉽게 구입할 수 있는 것이 몇 가지 더 있다.

그중에서 지금의 비트코인처럼 시대를 앞선 독특한 암호화폐라면 이더리움과 리플이 꼽힌다. 이 2개의 알트코인에는 각각의 특징이 있다. 먼저 2014년 러시아 이민자 출신 캐나다인 비탈리크 부테린(Vitalik Buterin)이 개발한 이더리움은 거래 명세가 담긴 블록이 사슬처럼 이어져 있는 블록체인 기술을 기반으로 하며 인터넷만 연결되어 있으면 어디서든 전송이 가능하다. 또한 비트코인으로 구입하거나 비트코인처럼 컴퓨터 프로그램으로 채굴을 통해 얻을 수 있다. 중앙은행의 중재가 없어 계약 비용이 적고 금융, 지식재산권, 의료나 에너지 등 다양한 산업에의 응용이 가능하다.

한때 이더리움을 누르고 시가총액 2위 기록했던 리플은 2012년 은행 간 송금을 간편하게 하기 위해 만들어졌다. 다른 암호화폐와는 달리 채굴이 불가능하며 발행 권한은 운영사인 리플랩스가 독점하고 있다. 보통 분산형인 다른 암호화폐와 달리 중앙집권형 구조이기 때문에 일각에서는 리플의 위험 관리를 우려하는 시각도 있다.

리플의 시대

그래도 리플의 뛰어난 점은 무엇보다 거래 승인의 신속함이다. 비트코인에서는 통상 10분 정도가 걸리는 승인이 단 1, 2초로 끝난다. 기술과 구조가 다르기 때문이다. 개인 간 거래(P2P) 방식을 채용하여 기본적으로 균등하게 컴퓨터가 서로 연결되어 있는 비트코인에 비해 리플은 검사기(Validator)라는 소위 평가자 같은 상위 서버가 전 세계에 30대 정도 존재한다. 이 검사기의 70%가 승인하면 거래가 확정된다. 그래서 속도 면에서는 타의 추종을 불허한다. 앞서 지적한 것처럼 리플은 약식 차용확인서(IOU)로 불리는, 서로 역할을 바꾸는 작업을 하기 때문에 자산을 이동시키는 비트코인과 같은 복잡한 작업증명(POW) 방식이 필요 없다. 그 대신 검사기에 의한 승인이 그 역할을 한다.

리플의 기능이 송금에 맞춰진 이유는 은행 측에서 봤을 때도 편리한 기능을 탑재되어 있어야 하기 때문이다. 거래 전체를 블록체인에 의해 기록할 수 있기 때문에 계좌 개설이나 동결, 수수료 등의 기능 외에도 신속한 결제 같은 신뢰성이 높은 금융 시스템을 구축할 수 있는 구조를 갖추고 있다.

최근 들어 전 세계의 금융기관들이 적극적으로 리플의 지불 플랫폼인 리플넷(RippleNet)을 활용하고 있다. 브라질의 대형은행 이타우우니방코(Itau Unibanco)과 인도의 상업은행인 인더스인드은행(IndusInd Bank) 그리고 일부 송금회사들이 해외 송금을 효율적으로 처리하기 위해 리플넷을 채택하여 송금 비용을 현저히 낮추고 있다. 리플넷은 리플사에서 발행한 암호화폐 리플을 기반으로 하지만 암호화폐 개념은 활용하지 않는 네트워크다. 그 밖에 리플넷을 채택한 송금회사로는 브라질의 비테크(Beetech), 싱가포르의 인스타렘(InstaRem) 그리고 캐나다의 집레밋(Zip Remit) 등이 있다. 그러나 대부분의 금융기관들은 기존 금융자산에 암호화폐가 투입되면 금융시장에 혼란이 발생할 것을 우려하여 블록체인 네트워크만을 채택하여 활용하고 있다.

신흥시장에서 리플 솔루션의 필요성은 더욱 크다. 글로벌 송금 및 지불 산업이 성행하는 국가에서 리플과 같은 블록체인 솔루션은 필수적이다. 리플넷은 블록체인 기술을 통해 해외에서 모국으로 송금하는 개인이나 해외 산업 기반의 촉진을 위한 자금 이동을 효율적으로 처리할 수 있다. 그래서 최근 들어 세계 금융기관들이 이와 같은 지불 시스템의 채택을 점차 확대하는 추세다.

한편으로 리플사는 미국 최대의 송금업체 머니그램(Money-gram)과 제휴하여 암호화폐를 사용한 자금 결제 서비스를 실시하고 있다. 리플의 경제 네트워크인 엑스래피드(xRapid)를 통해 지금보다 한층 송금 속도를 높일 수 있기 때문이다. 엑스래피드를 이용하면 송금을 처리하는 시간이 2~3초에 불과하다. 송금 업체들에게 리플은 효율적인 수단이기 때문에 앞으로도 더 많은 업체들이 참여하여 시장이 확대될 것으로 보인다.

암호화폐 전문 매체 CCN에 따르면 80여 개 금융 자회사를 거느린 일본의 벤처캐피털그룹 SBI홀딩스와 한국의 신한은행과 우리은행, 그리고 태국 시암상업은행(Siam Commercial Bank)은 엑스래피드를 활용하여 은행과 금융기관 간의 송금 처리를 테스트했다. 블록체인 기술을 활용한 이 테스트에 참여한 일본의 은행은 60여 곳이고, 그중 한국의 우리은행이 참여한 테스트에 참가한 일본 은행은 총 37곳이다. 리플망이 일본 전체에 깔려 있어서 참여도가 높았다. 테스트 결과가 의외로 긍정적이었기 때문에 점차 상용화할 은행이 많을 것으로 예상된다.

리플 솔루션을 활용하여 한국의 은행이 일본 은행으로 송금을 개시하면 실시간 이체가 이뤄진다. 가령 한국에 있는 A은행이 일본에 있는 B은행의 고객에게 10만 원을 송금한다고 알리고 B은행이 해당 고객이 자신의 고객인지만 확인하면 즉시 송금이 성사된다. 기존 스위프트(SWIFT)망을 사용할 때는 송금 은행과 수취 은행 사이에 중개 은행이 있어서 송금에 평균 2~3일 정도 걸렸다.

그러나 리플 솔루션을 이용한 해외 송금 기술이 도입되더라도 전 세계에 깔려 있는 스위프트망에 비해 리플망이 깔린 지역이 한정되어 있기 때문에 당분간은 현재의 송금 방식과 병행할 가능성이 높다. 하지만 기존의 송금보다 훨씬 빠르고 수수료도 저렴하기 때문에 리플 솔루션은 빠르게 정착할 것으로 보인다.

캐나다의 경우 이미 리플이 개발한 또 다른 지불 플랫폼인 엑스비아(xVia)를 이용하여 국가 간 송금 업무를 처리하고 있다.

계약 기능에 특화된 이더리움

한편으로 비트코인과 리플은 푸시(PUSH)형인 소위 블록체인 1.0으로 결제 기능이 뛰어난 반면, 이더리움은 블록체인 2.0인 풀(PULL)형으로 계약 기능이 특징이다. 둘의 차이는 푸시형과 풀형이라는 방식의 차이에서 빚어진다. 푸시형은 밀어낸다, 즉 지불형이고 풀형은 당긴다, 즉 인출형이다. 푸시형 거래는 통상 지불이지만, 풀형은 인출 전에 사전 결정 과정이 필요하다.

예를 들면 공공요금 같은 것이다. 인출이란 매월 사용한 만큼의 요금을 다음 달에 지정 계좌에서 자동적으로 인출하겠다는 계약에 근거한다. 여기서의 사전 계약을 스마트 계약이라 부르고 그것을 가능하게 하는 암호화폐 형식을 2.0 방식이라고 한다. 스마트 계약은 계약을 프로그래밍한 그대로 실행하고 보존할 수 있는 시스템이다.

이더리움은 특정 목적에 따른 블록체인을 구성한 것이 아니라 1개의 블록체인상에서 다양한 프로그램이나 분산형 애플리케이션을 가동하여 계약이 가능하도록 만들어졌다. 그래서 새로운 프로그램을 짜서 청구할 수 있지만, 자유도 높은 구조는 그만큼 보안에 관련된 많은 기능을 필요로 한다. 그러면 해킹에 취약해질 여지가 있다. 기능에 많은 특징이 담겨 있다는 것은 그만큼 허점도 많다는 의미다.

비트코인, 이더리움, 리플의 강점

그렇다면 향후에도 사라지지 않고 남게 될 암호화폐는 어떤 것이 있을까. 물론 현재에도 블록체인의 기술은 점진적인 발전을 거듭하고 있기 때문에 독특한 기능을 가진 새로운 형식의 암호화폐가 출현할 수 있다. 미래의 일은 누구도 알 수 없겠지만 그래도 앞에 언급한 세 가지가 그나마 역사를 바꾼 암호화폐로 남게 될 것이다.

그 근거의 하나로 거래량을 들 수 있다. 지금은 암호화폐라는 완전히 새로운 화폐가 시장에 진입하여 확장하는 단계이기 때문에 급격한 변화와 성장, 시행착오가 연달아 나타나고 있다. 이와 같은 상황에서 수천 개에 이르는 암호화폐의 우열을 객관적으로 가리기 어렵고 그에 따른 시가총액 순위도 끊임없이 바뀌고 있는 실정이다. 이러한 흐름은 당분간 지속될 것으로 보이지만 지금 상태로는 설령 순위가 바뀐다 해도 비트코인과 이더리움, 리플 세 가지는 각 특징과 역할로 인해 크게 뒤바뀌는 않을 것으로 보인다.

필자의 지인 한 분은 암호화폐 시가총액 기준에서 그다지 높지 않은 저렴한 암호화폐에 수천만 원을 투자하여 현재 자산이 수억에 달한다. 마치 젖은 손으로 좁쌀 움켜잡은 것처럼 큰 수고를 들이지 않고 많은 이득을 본 경우라고 부러워할 수 있겠지만 꼭 그렇지만은 않다. 그나마 상위권에 든 암호화폐임에도 거래량이 적어 당장 현금화할 수 없기 때문이다.

그렇지만 현재 상당한 점유율을 점하고 있는 소수의 인기 암호화폐 또한 소지한 고객들이 일시에 매각에 나선다면 한순간에 거래시장이 무너질 수 있다. 실제로 가격의 급등과 하락이 계속되는 암호화폐 시장에서 충분히 예견 가능한 일이다. 따라서 거래량이 지극히 적은 암호화폐는 상당히 위험해질 수 있다.

알트코인 가운데에는 뜬금없이 순환 상승을 보이는 경우가 있다. 전체적인 시장을 이끌 정도는 못 되지만 대체로 꾸준히 순환과 상승을 이어간다. 이럴 때 조급한 마음에서 옮겨 다니다가 결국 자금이 한곳에 묶이는 상황이 발생할 수 있다.

현재로서는 이 3개 화폐 이외의 암호화폐는 거래량에 있어서 만족스럽지 못한 측면이 많다. 『로이터(Reuters)』의 보도에 따르면 세계 암호화폐 거래량은 2017년 11월 1일 기준으로 약 1,840억 달러, 한화로 약 2,100조 원의 규모에 이른다고 한다.

대표적인 암호화폐로 평가되는 비트코인을 비롯한 이더리움과 리플은 실제 생활에서도 활용도를 높여가고 있다. 또한 지금까지는 대체로 비트코인만이 시장에서 인정받았지만 최근 들어 이더리움 등 다른 암호화폐로도 커피 구매 등 간편 결제를 할 수 있게 되었다. 암호화폐 거래소 빗썸(Bithumb)은 간편 결제 사업인 빗썸캐시(BithumbCash) 서비스를 하고 있는데, 빗썸 계정에 암호화폐를 보유한 고객이 빗썸캐시 가맹점에서 직접 물건이나 서비스를 구매할 수 있다.

구매자는 기존 화폐로 물건을 결제하는 것처럼 판매자에게 물건의 가치만큼 암호화폐를 넘겨주면 된다. 예컨대 계좌에 이더리움을 보유한 고객이 1만 원짜리 물품을 구입하면 이더리움이 시장가에 따라 빗썸캐시로 바뀌어 판매자에게 넘어가는 구조다. 빗썸캐시는 거래소 빗썸에서 원화 기준으로 표시되는 금액으로, 원화와 1대 1로 연동된다. 가맹점에 빗썸 계좌 정보가 담긴 QR코드를 보여주면 간편하게 성사된다. 빗썸캐시는 현물 거래로 인해 활용 가능한 암호화폐로 범위를 넓혔다. 그래서 비트코인, 비트코인 캐시, 이더리움 등 거래소 빗썸에 상장된 10종류의 암호화폐 모두 빗썸캐시 결제로 활용이 가능하다.

물론 빗썸캐시 서비스 개시 전에도 일상생활에서 암호화폐 거래는 가능했다. 예를 들어 과거 코인맵(Coinmap)에서 암호화폐 거래가 가능한 상점을 검색하면 서울이나 경기도의 몇 곳을 동시에 보여줬다. 그러나 당시 사용 가능한 암호화폐는 비트코인뿐이었다. 가맹점주들이 내는 수수료도 카드사 수수료보다 적었다.

지금도 고객과 가맹점주의 1대 1 거래이기 때문에 빗썸은 암호화폐가 교환될 때 발생하는 수수료만 주 수입원으로 삼는다.

따라서 가맹점주에게도 충분히 매력적인 조건이다. 암호화폐를 보유한 투자자들이 많기 때문에 향후 빗썸캐시류의 가맹점이 우후죽순으로 생긴다면 기존 카드사에 위협이 될 정도로 파급력이 클 것이다.

제4장

암호화폐의 전망

1. 가상통화 국가의 증가

암호화폐를 바라보는 이중적 시선

최근 들어 여러 민간기관이 암호화폐를 발행하여 시중에 유통하게 되면서 화폐 발행이라는 중앙은행 고유 권한이 크게 침해당하고 있다. 암호화폐의 본질은 탈중앙화와 자유로움이다. 애초에 암호화폐는 은행을 이용하지 못하는 사람들과 기존 금융 시스템에 거부감을 갖고 있는 일부 사람들을 위해 만들어졌다. 한마디로 암호화폐의 출현은 기존 화폐와 금융권에 대한 도전에서 비롯된 셈이다.

그런데 암호화폐 가운데 기존 금융권을 위해 탄생한 암호화폐도 있다. 바로 리플이다. 기존 은행의 송금 신속화와 수수료 절감을 위해 고안된 리플의 가치가 최근 급상승하여 한때 시가총액 2위를 차지하면서 암호화폐의 본질인 탈중앙화가 무색해지고 있다. 리플을 본따 송금에 특화된 암호화폐들이 속속 등장하고 있는 것으로 봐서 앞으로 탈중앙화와 중앙집권 암호화폐가 공존하는 방식으로 진행될 가능성이 높다.

기축통화인 달러와 세계 금융권을 주도하는 기존 금융 자본은 암호화폐에 대해 이중적 자세를 취하고 있다. 금융권과 국가 차원에서 볼 때 달러에 대한 도전은 결코 인정할 수 없겠지만, 아이러니하게도 블록체인 기술만큼은 유용하다는 것을 알기 때문이다. 예를 들어 리플 등 기존 암호화폐를 송금에 활용하고자 하는 홍콩상하이은행(HSBC)과 도이체방크(Deutsche Bank) 등 전 세계 90여 개 은행은 블록체인의 잠재력을 인정하고 있다. 신기술을 이용하면 거래에 따른 회계 속도와 효율성을 높여 2022년에는 연간 최대 200억 달러를 절감할 수 있을 것으로 추산할 정도다.

그러나 문제는 현재 발행된 코인보다는 자국이 새로운 형태의 코인을 발행하여 사용하고자 하는 욕구가 더 큰 것 같다. 이와 관련하여 국제결제은행(BIS)은 암호화폐 시장의 급성장이 금융 시스템 안정을 해칠 위험이 있는 만큼 각국의 중앙은행은 디지털화폐의 특성을 파악하여 발행 여부를 결정할 필요가 있다고 권고했다. 가상통화의 확산에 따른 기술 혁신의 대세를 거역할 수 없다고 보기 때문이다.

하지만 전 미국 연방준비제도이사회(FRB) 의장이었던 벤 버냉키(Ben Bernanke)는 암호화폐의 익명성과 안정성에 부정적이다. 비트코인은 법정화폐를 대체하고 정부 규제와 간섭을 피하려는 시도를 하고 있지만 정부는 결코 허용하지 않을 것이기 때문에 법정화폐를 대체하려는 노력은 성공하지 못하리라고 단언했다. 비트코인이 법정화폐의 지위를 위협할 경우에 미국 정부는 비트코인을 분쇄하기 위해 온갖 노력을 다할 것이기에 법정화폐를 대체하기는 어려울 것이라는 논리다. 그러나 블록체인 기술에 대해선 긍정적이다. 금융 거래에서 분명 이득이 되는 기술이고, 각국 은행들도 많은 관심을 가지고 있기 때문이다. 현재의 지불 결제 시스템은 매우 느리고 비용이 많이 들지만 블록체인 기술은 이러한 복잡한 절차를 단번에 개선할 수 있다.

미국 버몬트주는 송금법을 개정하여 암호화폐를 기존 통화와 동일하게 사용할 수 있도록 했다. 또한 ATM 네트워크인 아테나 비트코인(Athena Bitcoin)은 컴퓨터를 통해 암호화폐를 사고팔 수 있는 서비스를 지원한다. 현재 미국에는 1,300여 대의 비트코인 ATM이 설치되어 있다. 오버스탁(Over Stock)과 뉴에그(Newegg)같은 전자상거래 업체는 이미 2015년에 암호화폐를 결제 수단으로 채택했다.

한편 미국 연방준비제도는 중앙은행 시스템을 비트코인의 위협으로부터 보호하기 위해 블록체인에 기반한 기술로 페드코인(Fedcoin) 발행을 계획하고 있다고 한다. 비트코인이 주축이 된 가상통화 시장의 규모가 점차 확대되는 추세이기 때문에 가능한 빠르게 발행될 것으로 예측된다. 가상통화 시장이 빠르게 확대되는 가운데 페드코인의 유통은 상당한 역할을 할 것이다.

암호화폐 발행을 검토하는 국가들

미국 듀크대학교의 캠벨 하비 (Campbell Harvey) 교수는 "앞으로 비트코인 기술이 우리가 생각하는 화폐의 개념을 완전히 바꿔놓을 것이며 종이화폐가 사라지는 건 시간문제"라고 말했다. 페드코인은 연방정부가 모든 거래 내역을 들여다볼 수 있는 디지털화폐가 될 것이다. 하비 교수는 초기에 자유주의자들이 정부 통제를 벗어날 수단으로 시작했던 블록체인 기술이 국민의 통제를 완벽하게 할 수 있는 기술로 바뀔 수 있을 것이라고 덧붙인다.

덧붙여 하버드대학교의 케네스 로고프(Kenneth S. Rogoff) 교수는 자신의 저서『현금의 저주(The Curse of Cash)』에 앞으로 현금은 점차 사라지고 종국엔 약간의 지폐와 코인들만 유통될 것이며, 점차 자국 정부가 발행하는 전자화폐로 넘어갈 것이라고 기술했다. 또한 여러 잠재적 문제를 내포하고 있는 지금의 암호화폐 기술은 성숙하지 못한 측면이 있다면서, 그러나 차세대 비트코인 3.0쯤 되면 정부 주도 디지털화폐의 선구자 역할을 할 것이라고 전망했다. 민간에서 더욱 뛰어난 기술이 개발된다면 정부는 필요에 따라 적절히 수용과 규제를 가하면서 암호화폐를 개발하게 될 것이라는 추론이다.

정부의 시각에서 봐도 모든 거래 내역이 블록체인에 기록되기 때문에 자산을 숨기거나 세탁이 불가능해진다. 이것이야말로 국가 암호화폐의 장점이다. 따라서 현금의 익명성을 없애려는 요구가 미국의 연방준비제도의 암호화폐 페드코인 발행 계획으로 이어졌지만 미래에 국가 주도형 전자식 경제가 도래하더라도 여전히 프라이버시를 제공하는 알트코인들은 존재할 것이다.

독일은 2013년에 암호화폐를 지급 결제 수단으로 인정하였고, 일본은 암호화폐를 중앙은행이 가치를 보장하는 화폐로 규정하고 거래통화로 인정하여 달러처럼 불태환화폐로 사용하고 있다. 미국의 각 주도 점진적으로 암호화폐를 제도권 내로 편입시키려고 한다.

유럽의 경우 그리스 금융 사태를 계기로 탄생한 유로코인(Eurocoin : EUC)이 현재 상당한 탄력을 받고 있다. 그 밖의 국가나 중앙은행들 역시 자신들만의 코인 발행을 고려하고 있다. 스웨덴 중앙은행은 정부 차원에서 암호화폐 전자크로나(e-Krona)의 발행을 적극 검토하고 있다. 스웨덴에서는 지폐 사용이 급속한 감소 추세에 있어 향후 5년 내 완전히 자취를 감출 것이라고 전망된다.

화폐 사용이 감소하는 추세는 비단 스웨덴만이 아니다. 한국의 중앙은행인 한국은행도 동전의 사용에 따른 불편 해소는 물론이고 유통과 관리 비용을 절감하기 위해 2020년까지 충전식 선불카드에 거스름돈을 입금하는, 소위 동전 없는 사회를 추진하고 있다. 인도는 부정부패 일소를 위해 고액권 사용을 금지하면서 한편으로 전자화폐 경제로의 이행을 추진하고 있다. 중국에선 QR코드 결제 비중이 40%나 될 정도로 확산되는 추세다. 영국과 캐나다, 벨기에, 스웨덴, 덴마크 등 선진국들은 지폐 사용을 제한하고 전자결제만을 허용하는 방안을 연이어 발표하고 있다. 이렇듯 세계는 빠르게 현금 없는 사회, 전자화폐 시대로 나아가고 있다.

암호화폐 발행을 검토하고 있는 곳은 스웨덴 중앙은행뿐만이 아니다. 네덜란드, 캐나다, 핀란드, 이스라엘, 싱가포르, 에스토니아, 파푸아뉴기니와 같은 국가의 중앙은행들도 비슷한 움직임을 보이고 있다. 특히 영국의 중앙은행은 매우 적극적이다. 잉글랜드은행은 암호화폐가 미래 금융의 잠재적 혁명이라고 평가할 정도다. 크리스틴 라가르드 IMF 총재도 2017년 잉글랜드은행 컨퍼런스에서 앞으로 법정화폐는 암호화폐로 나아가야 한다고 말했다. 벨라루스 정부 또한 비트코인을 법적 통화로 인정했으며, 2017년 말에 대통령령으로 암호화폐공개(ICO)와 스마트계약, 블록체인 개발을 합법화한다고 발표했다.

암호화폐의 허브, 스위스

특히 스위스는 암호화폐에 엄청난 잠재력이 있다고 예측하여 허브 국가로 육성하겠다고 밝히면서 기존 금융권에서도 암호화폐 거래를 허용하고 있다. 2017년 가장 먼저 스위스 민간 은행 팔콘프라이빗은행(Falcon Private

Bank)이 허용했고, 퀴트은행(Swissquote Bank)과 아이지은행 (IG Bank)도 비슷한 시기에 거래를 승인했다. 뿐만 아니라 미국 의 실리콘밸리처럼 암호화폐 기업들이 모여드는 '크립토밸리 (Crypto Valley)'가 만들어졌다. 취리히 인근 소도시 추크(Zug) 에는 이미 131개 국적의 140여 개 블록체인 기업들이 설립되어 있다. 이 글로벌 도시에는 세계 각국의 암호화폐 관계자가 몰린 다. 암호화폐공개(ICO)의 합법화가 허용된 지역으로 알려지면 서부터다. 이곳에서는 자금 세탁 방지 방안, 고객의 신원 확인, 3명 이상의 현지 직원 채용이라는 세 가지 조건만 충족된다면 그 외의 아무런 규제가 없다. 암호화폐공개도 적극 지원하고 있 기에 현재 전 세계 암호화폐 발행 시장 절반을 스위스가 차지하 고 있을 정도다.

스위스에서는 오래전부터 시계 산업이 명성을 떨쳤다. 그러 다가 디지털시계가 등장했을 때 스위스는 미련스러울 만큼 전 통을 고집했다. 물론 지금도 일부 명품은 가치를 인정받지만, 진짜 큰 시장은 일본 등 다른 나라에 넘겨준 상태다. 변화에 유 연하게 대처하지 못했기 때문이다. 지금 암호화폐라는 새로운 비즈니스를 접한 스위스에게서는 과거 시계의 실패를 반복하지 않겠다는 강한 의지가 엿보인다.

물론 암호화폐가 성장하면 은행 등 기존 금융 질서와 부딪히 는 일이 생길 수 있다. 그러나 혁신은 언제나 주어진 토양 위에 서 성장하는 것이다.

규제하는 국가들

반면에 중국과 러시아 등 권위주의 체제 국가들은 겉으로는 거래소 폐쇄를 강행하고 있다. 탈중앙과 분산, 그리고 분배라는 암호화폐의 본질적 특성과 이들 정치 체제는 양립하기 어렵기 때문일 것이다.

한국은 전자금융거래법에 의거하여 암호화폐를 공식적인 지급 결제 수단으로 인정하지 않는다. 그리고 2017년 12월 13일에는 암호화폐의 투기 과열과 이를 이용한 범죄를 막기 위해 은행으로 하여금 거래 자금 입출금 과정에서 이용자의 본인 확인을 하게 했다. 특히 고교생 이하 미성년자의 암호화폐 계좌 개설을 원천적으로 금지했으며, 금융기관 역시 암호화폐의 보유와 매입, 담보 취득, 지분 투자를 금지하고 있다. 또한 암호화폐의 자금 모집 행위인 암호화폐공개(ICO)와 신용 공여, 방문판매, 다단계, 전화 권유 등 거래소에서 해서는 안 되는 행위를 명확하게 규정하고 있다.

2. 암호화폐의 종류

암호화폐는 종류마다 그 나름대로 특징이 있다. 오로지 화폐로서 기능하기 위한 것이 있고, 익명성을 강화한 것이 있다. 사물인터넷에 기반하거나 국가 간 송금을 위한 것 등 다양한 목적만큼이나 다양하게 만들어졌다.

비트코인(Bitcoin:BTC)

암호화폐를 이야기하면서 비트코인을 빼놓을 수 없다. 심지어 비트코인을 제외한 암호화폐를 알트코인(Altcoin)이라고 구분할 만큼 비트코인의 영향력은 크다.

비트코인은 2009년 1월 3일 사토시 나카모토라는 익명의 프로그래머가 개발했다. 기반 기술인 블록체인은 정보의 기본 단위인 비트(Bit)와 동전(Coin)의 합성어로 디지털 통화 거래 내역을 기록하기 위해 개발된 분산형 장부 기록 기술이다. 금융 거래지만 별도의 관리 책임자가 없다. 블록체인은 누구나 열람할 수 있는 장부에 거래 내역을 기록하며, 비트코인을 사용하는 여러 컴퓨터가 10분에 한 번씩 이 기록을 검증, 해킹을 막는다.

만드는 과정은 광산업에 빗대어 채굴(Mining)이라고 하며 만드는 사람을 마이너(Miner), 즉 광부라고 부른다. 누구든 컴퓨터 프로그램으로 수학 문제를 풀어 채굴하거나 암호화폐 거래소에서 구입하면 된다. 처음부터 총 발행량이 2,100만 개로 정해져 있다. 유통량이 일정 기준을 넘으면 한 번에 채굴할 수 있는 양이 줄어들고 문제도 어려워져 희소성이 높아진다.

비트코인 캐시(Bitcoin Cash:BCC)

2017년 8월 1세대 비트코인으로부터 하드포크(Hard Fork)로 분할되어 나온 알트코인이다. 하드포크는 블록체인 프로토콜이 어느 한 시점에서 급격하게 변경되는 것이다. 소프트웨어에서 심각한 보안상 취약점이 발견되거나 소프트웨어에 새로운 기능을 추가나 개선할 때 진행한다.

비트코인 거래량이 한때 증가하면서 네트워크 과부하 문제가 생기자 개발자와 채굴 단체들은 비트코인 블록체인 개선을 논의했다. 그 결과 기존 블록체인을 유지하되 일부 비트코인 거래를 외부에서 처리하는 소위 세그윗(Segregated Witness) 방식을 도입하고자 했다. 그러나 일부 채굴업자는 독자적인 하드포크를 시행하여 새로운 버전의 블록체인을 생성시키고 이 블록체인에서 사용되는 코인을 비트코인 캐시라고 했다. 이로써 기존의 비트코인과 비트코인 캐시라는 별도의 두 개 자산으로 나뉘지게 되었다. 비트코인 캐시는 SHA256(Secure Hash Algorithm 256) 알고리즘과 작업증명(POW) 방식이라는 점에서 비트코인의 기술 구조와 거의 동일하다. 다만 비트코인의 블록 용량이 1MB로 제한되어 있는 반면, 최대 8MB까지 확장할 수 있다. 또한 훨씬 거래 속도가 빠르고 수수료가 저렴한 것이 특징이다.

비트코인 골드(Bitcoin Gold：BCG)

비트코인 캐시에 이어 두 번째로 분할된 암호화폐이다. 블록체인이 49,1407번째 블록에 도달하면서 하드포크가 발생하면서 생겼다. 탈중앙화를 추구하기에 채굴 암호 난이도가 낮아 특별한 하드웨어가 없이도 접근할 수 있는 고성능 처리 장치인 GPU 방식으로도 채굴이 가능하다.

이더리움(Ethereum：ETH)

러시아 출신 캐나다인 비탈리크 부테린이 2014년에 개발한 암호화폐이다. 비트코인과 마찬가지로 거래명세가 담긴 블록이 사슬처럼 엮인 블록체인 기술을 기반으로 개발되었으며 채굴을 통해 얻을 수 있다. 몇 가지 옵션을 추가할 수 있는 점이 비트코인과의 차이다. 블록체인의 옵션 기능을 통해 계약서나 SNS, 이메일 등을 기록하거나 원하는 사용처에서만 이용하게 할 수 있다.

이더리움 클래식(Ethereum Classic:ETC)

2016년 7월 이더리움에서 하드포크로 분할되어 나온 암호화폐다. 그해 6월 해커들이 이더리움의 보안상 취약점을 찾아내어 약 360만 개를 해킹하여 자신들의 전자지갑으로 옮겼다. 사건이 발생하자 이더리움 개발자들은 대책 마련에 들어갔다. 회의 과정에서 해킹이 발생한 거래를 삭제하고 이전으로 되돌리자는 의견과 위변조가 불가능한 블록체인의 본질을 지켜 기록으로 남겨두고 새로운 블록을 쌓자는 의견이 부딪혔다. 격론이 오간 끝에 개발을 총괄하던 비탈리크 부테린은 해킹 거래 기록을 삭제하기로 결정했다.

당시 이더리움 블록체인 참가자의 85% 이상이 지지하여 하드포크로 생긴 새로운 갈래가 공식 이더리움 블록체인이 되었다. 하지만 당시 이 결정을 지지하지 않았던 코어 개발자들은 기존 갈래에 남았다. 그리고 암호화폐 거래소 폴로닉스(Poloniex)에 이더리움 클래식을 상장했다.

리플(Ripple:XRP)

구글이 투자하고 글로벌 은행들이 개발에 참여했다는 점에서 관심을 끌었던 암호화폐다. 원래 2004년 리플페이(RipplePay)라는 이름의, 은행 간 송금을 위한 서비스로 개발되었다. 이후 2012년에 오픈코인(OpenCoin)이라는 회사가 설립되고 리플이 발행되었다.

통화가 아닌 금융 거래를 목적으로 개발된 리플은 채굴 방식을 사용하지 않는다. 실시간 일괄 정산을 비롯한 환전과 송금 네트워크를 갖추고 있고, 전 세계에 걸쳐 이루어지는 대량 결제를 몇 초 이내로 처리할 수 있기에 해외 송금에 특화되었다. 애초에 발행량이 1,000억 개로 한정되어 더는 발행되지 않는다.

라이트코인(Litecoin:LTC)

찰스 리(Charles Lee)가 2011년 10월에 개발한 은색의 암호화폐로 비트코인만큼은 아니지만 인지도 높은 암호화폐다. 실생활에서 거래되는 은화를 상징하는 은색을 사용한 점이 특색이다. 금색 암호화폐인 비트코인과 마찬가지로 채굴로 얻을 수 있지만 방법에 있어서 더 간단하다.

비트코인은 암호화 거래 기록인 해시값을 가진 파일인 블록을 해제해야 하는데, 이 과정이 매우 복잡하여 고성능 컴퓨터가 필요하다. 하지만 라이트코인은 새로운 암호화 알고리즘인 스크립트를 사용하면 간단히 블록을 해제할 수 있어서 복잡성을 줄였다. 비트코인과 유사한 특징이 있지만 블록의 갱신 주기가 매 2.5분으로 비트코인의 1/4 수준이며, 발행량도 비트코인의 수량이 2,100만 개인 것에 비해 8,499만 개로 4배가 많다.

대시(Dash)

2014년 1월에 개발된 암호화폐로 실시간 이체를 확인할 수 있고, 암호화 추적이 불가능한 구조로 되어 있어서 익명성이 강하다. 최대 발행량은 2,250만 개로, 한 계치에 도달하면 채굴로 발행되는 코인은 없어지지만 이자가 발생하는 방식의 코인은 계속 발행된다. 원래 엑스코인(Xcoin)이란 이름으로 출시되었지만 2014년 2월 다크코인(Darkcoin)으로 변경되었고, 2015년 3월 25일에 대시가 정식 명칭이 되었다.

대시는 마스터노드(Master Node)라는 새로운 형태의 노드를 구성하여 최소 3개 이상의 거래를 함께 묶는 방법을 사용한다. 코인을 서로 섞기 때문에 거래 기록을 숨길 수 있다는 것이 장점이다. 따라서 정보 노출에 민감한 사용자들의 호감도가 높다. 거래 속도가 1초 정도로 매우 빠르다. 하지만 항상 마스터노드의 위치가 노출되어 있기 때문에 해킹 위험이 단점이다.

모네로(Monero)

완벽한 익명성을 보장해주는 암호화폐로 2014년 4월에 개발되었다. 기존 암호화폐는 각 거래자의 전자지갑에 고유 주소가 부과되기 때문에 소유자를 알 수 없어도 거래 내역은 알 수 있다. 그래서 거래 내역을 역추적하면 주소와 암호화폐의 수량을 파악할 수도 있다. 그러나 모네로는 받거나 보내는 사람, 나아가 금액까지 스텔스 주소(Stealth Address)로 처리한다. 그리고 거래에 참여한 사람의 암호화 서명을 다른 서명으로 버퍼링하여 익명으로 처리하는 링 서명(Ring Signature) 기술을 사용하기 때문에 누구에게 얼마만큼의 금액을 보냈는지는 파악하지 못한다. 이러한 점 때문에 사이버 범죄자들 사이에서 적잖이 활용되고 있다.

이오스(EOS)

미국의 프로그래머인 댄 라리머(Dan Larimer)가 2017년 6월 이더리움을 기반으로 만든 분산 애플리케이션(DAPP) 플랫폼이다. 이더리움과 기능에서 유사하면서도 처리 속도가 빠른 것이 특징이다.

이오스는 합의 알고리즘으로 위임된 지분증명(DPOS) 방식을 사용한다. 투표를 통해 선정한 상위 노드(Node)에게 권한을 위임하여 합의하는 방식이다. 지분증명 방식과 같지만 일부가 권한을 위임받아 블록 생성을 담당한다는 차이가 있다. 이더리움과 마찬가지로 블록체인 기반의 프로그래밍이 가능하다. 그리고 스마트 계약(Smart Contract)을 구현할 수 있다. 여러 조건을 설정한 전자 계약 기능으로, 원하는 조건을 사용자가 입력하여 해당 조건에 만족하면 자동으로 이행된다. 앞으로 전자 계약과 사물인터넷(IoT) 등 실제 생활에 활용될 가능성이 높다. 댄 라리머는 이오스 이전에도 스티밋(Steemit), 비트셰어(BitShare) 등의 블록체인을 개발한 바 있다. 이오스의 관리 주체는 그가 최고기술책임자(CTO)로 있는 스타트업 블록원(Block.one)이다.

퀀텀(QTUM)

싱가포르 퀀텀재단(Qtum Foundation)이 2016년 3월에 오픈소스 블록체인 기술로 개발했으며, 총 발행 코인은 1억 개지만 이중에서 현재 약 7,300만개가 유통되고 있다. 비트코인과 이더리움의 기술을 혼합한 것이 특징으로 대표적인 알트코인의 하나이다.

스마트계약(Smart Contract) 기능을 통해 기존의 블록체인 생태계와 원활하게 호환하여 다양한 분야로 활용될 가능성이 있다. 블록체인 2.0이라고도 불리며 1996년 닉 자보(Nick Szabo)가 처음 제안했지만, 2013년 러시아출신의 캐나다인 비탈리크 부테린(Vitalik Buterin)이 비트코인의 블록체인 기술을 이용하여 모든 종류의 계약을 처리할 수 있도록 기능을 확장하면서 널리 확산되었다. 즉, 블록체인에 여러 조건을 설정한 전자계약 기능으로 사용자가 원하는 조건을 기록하면 보장이 가능하다. 서류상 계약과 달리 특정 조건만 충족되면 자동으로 계약이 이행되므로, 상대방이 파기하는 등의 위험을 줄일 수 있다. 이를 기반으로 향후 금융거래는 물론이고 투표나 부동산 등의 각종 계약과 사물인터넷(IoT) 등에 활용할 수 있다.

넴(NEM[New Economy Movement]:XEM)

일본의 국민코인으로 불리며 2015년 3월 31일에 개발된 개인 간 거래(P2P) 방식의 암호화폐다. 채굴을 통해 발행하는 작업증명(POW)이나 자산증명(POS) 방식과는 달리 애초에 90억 개가 고정 발행되었다. 누구와 또는 몇 명과 거래하는지를 판단하여 암호화폐를 구하는 시스템인 중요도증명(POI)이라는 새로운 알고리즘을 채택하고 있는 점이 특징이다. 즉, 비트코인과 이더리움의 채굴 방식과 달리 잔액이나 거래 횟수, 거래량 등을 종합적으로 평가하여 그 기준으로 승인 여부를 결정한다. 이를 통해 암호화폐를 얻을 수 있는 확률을 높여 안정적인 거래를 유도하고 있다.

3. 거래소의 운영 방식

암호화폐 투자의 인기

　　　　　　　　최근 들어 여러 가지 사회적 이슈로 국내외 정치와 외교 및 경제 상황이 혼란스러워지면서 안정적인 투자 자산을 찾는 사람들이 늘고 있다. 지금껏 가장 안정적인 자산으로 여겨지던 금(金)은 높은 시세에 비해 그다지 수익성이 높다고 여겨지지 않기 때문에 투자자들의 관심이 암호화폐로 쏠리고 있다. 최근 주요 암호화폐의 시세가 치솟고 있는 것도 가치가 그만큼 높아졌다는 방증이다. 하지만 대부분의 투자전문가들은 암호화폐로 큰 수익을 낼 수 있는 시기는 지났다고 평가한다. 암호화폐 거래 방식은 주식시장과 비슷하지만 상하한가가 없기 때문에 많은 손실이 일어나더라도 방어할 수 있는 보호 장치가 없는 것도 그 한 요인이다.

　세계 최대 암호화폐 정보 사이트인 코인마켓캡에 따르면, 현재 전 세계의 공식 거래소를 통해 가장 많이 거래되는 암호화폐는 비트코인이다. 그다음이 이더리움, 비트코인 캐시, 리플, 라이트코인, 이더리움 클래식 등이다. 일본이 비트코인 거래량 전체의 48%를 차지하고 있고, 미국이 25%, 한국과 중국이 각각 12%다. 한국 역시 전 세계 비트코인의 10% 이상을 보유한 비트코인 강국인 셈이다. 비트코인에서 파생된 또 다른 암호화폐인 비트코인 캐시는 한국에서 가장 인기가 높아 전 세계 거래량의 절반가량이 국내에서 거래될 정도다.

한국의 암호화폐 거래소 자료에 따르면, 하루 평균 거래 규모는 2조 6,000억 원가량 되는데 이것은 코스닥 시장을 넘어선 규모다. 암호화폐에 자금이 몰리는 이유는 상하한가가 없으니 막연한 기대심리가 작용하기 때문이다. 그렇다 보니 암호화폐 시장은 투자를 넘어 투기의 양상을 보이고 있다.

전 세계적으로 암호화폐에 대한 관심은 높아지고 있지만, 여전히 많은 국가들은 암호화폐를 공식 화폐로 채용하는 데에는 유보적인 입장을 취하고 있다. 지금껏 암호화폐의 발행이나 유통에 아무런 관련이 없던 국가가 갑자기 암호화폐에 화폐로서의 가치를 부여할 이유도 없거니와, 실물경제의 측면에서도 실제 사용처가 드물어 직접적인 화폐 기능을 대신하기 어려운 측면도 있다. 또한 암호화폐가 법정화폐로서의 요건을 갖추지 못해 일상생활에서 상용화되기까지는 오랜 시간이 걸릴지도 모른다고 보기도 한다.

그러나 이 시간에도 암호화폐의 진화는 계속되고 있고, 4차 산업혁명 시대를 맞아 머지않아 새로운 화폐로 인정받을 가능성도 부인할 수 없다.

암호화폐 거래소 설립 규정

암호화폐는 원래 개인 간 거래에 초점을 맞춘 기술이다. 하지만 암호화폐 전문 거래소가 2010년부터 우후죽순 생겨났다. 거래소를 통해야만 암호화폐를 달러나 원화 등으로 쉽게 바꿀 수 있고, 더 빠른 거래를 할 수 있기 때문이다. 거래소는 암호화폐를 대량으로 보유하면서 원하는 이들에게 팔거나 사는 식으로 운영된다. 탈중앙화를 기치로 내건 암호화폐가 거래소로 집중되는 역설이 생겨난 것이다.

암호화폐 거래소의 운영 방식은 기능적으로는 외환거래와 비슷하지만 운영 형태는 증권거래소와 유사하다. 대부분의 국가에서 암호화폐가 법적 규제의 대상이 아니기 때문에 거래소에 대해서도 규제의 필요성을 두고 논란이 이루어지는 실정이다. 최초의 암호화폐 거래소는 2010년 7월 제드 맥칼렙(Jed McCaleb)이 설립한 '마운트곡스'로 알려져 있다.

암호화폐 가격은 공급과 수요에 따라 정해진다. 한국도 초기에는 가격이 급등하여 한때 투기바람이 일었다. 2017년 1월에 100만 원 수준이었던 비트코인 가격이 12월에 들어서 2,000만 원으로 약 20배가 되기도 했다. 그러다 2018년 초에 정부가 암호화폐의 규제 정책을 내놓자 순식간에 하락했다. 투기에 의해 급등과 급락을 반복한 것이다.

암호화폐는 누구나 발행하여 거래소에 상장할 수 있다. 그 과정에서 필요한 것이 암호화폐를 발행하여 투자금을 모으는 소위 암호화폐공개(ICO)다. 사업계획서인 백서를 공개하고 실물화폐 대신 비트코인 등의 암호화폐로 투자를 받는다. 하지만 한국 등은 불확실성과 그에 따른 위험 등을 고려하여 암호화폐공개를 금지하고 있다.

한국에서 암호화폐 거래소 설립은 이전에는 신고제였기에 2013년에 시행된 전자상거래법에 근거하여 관할 구청 등 지방자치단체에 일정액의 수수료만 내고 사업자등록증 등 서류를 제출하여 통신판매업자로 신고하기만 하면 되었다. 특별한 요건 없이 누구나 거래소를 설립할 수 있었다. 따라서 지난 몇 년 동안 영세사업자부터 대형 IT기업까지 앞다투어 거래소 설립에 나섰다. 이유는 오로지 수수료 수익 때문이다. 거래소는 거래액의 0.05~0.15%를 수수료로 받는다. 증권사가 주식 거래마다 받는 수수료보다 10~30배 많은 수준이다. 특히 초기 개발이나 투자에 드는 비용이 많지 않아 그동안 쌓아온 기술을 활용하여 비교적 쉽게 시장에 진출할 수 있었다. IT기업에게는 거래소 수익 모델이 매력적으로 다가올 수밖에 없다. 문제는 기술력과 자본금이 열악한 사업자가 난립하면 그로 인한 피해가 고스란히 투자자에게 돌아갈 수 있다는 점이다.

따라서 2018년 1월 23일에 발표된 규제안에 따르면, 앞으로 암호화폐 거래소를 새로 설립하기 위해서는 이용자의 실명 확인이나 자금 세탁 방지 같은 여러 사항을 고려해야 한다. 거래소 설립과 운영에 따른 법적 책임이 강화된 것이다.

거래소의 생존 여부는 결국 많은 이용자 수의 확보에 달려 있다. 앞으로도 정부가 암호화폐 거래 전면 금지라는 극단적 대책을 시행하지는 않겠지만 거래 수익에 대한 과세나 거래소 운영 자격의 강화, 자금 세탁 방지 의무 부여 같은 규제를 언제든 강화할 수 있다.

실제로 정부는 암호화폐 거래소에 자금 세탁 방지 의무를 부과하는 특정금융정보법 개정안을 추진할 계획이다. 현행법은 실명 확인 의무를 은행 등 금융사에만 부과하고 있는데 이를 거래소에도 부과하겠다는 의미다. 실제로 정부는 암호화폐 거래소의 금융정보분석원(FIU) 신고를 의무화하고 위반 시 영업 중지와 금융 거래 차단 등 강력한 제재를 규정한 법안 마련을 추진하고 있다. 금융권과 동일한 수준의 자금 세탁 방지 의무를 거래소에 부과하고 금융감독원 검사 대상에 추가하는 규정도 포함될 전망이다. 이런 조치는 해킹을 비롯한 각종 범죄 수익의 자금 세탁에 가상통화를 이용하는 사례가 적지 않다고 판단하기 때문이다. 이러한 관련법이 통과되면 정부가 은행을 통하지 않고도 거래소를 직접 통제할 수 있게 된다.

이와 같은 규제는 일반 투자자를 보호하기 위해서라고들 하지만 속내는 세금을 걷기 위한 하나의 방편이라고 볼 수 있다. 사업자가 암호화폐 거래로 수익을 올리면 올릴수록 그만큼 세수도 늘어나기 때문이다.

증권업계에 따르면 국내 3대 거래소 중 하나인 빗썸의 2017년 수수료 수익은 3천억 원을 넘는 것으로 추산된다. 빗썸이 공개한 재무실사 보고서에 따르면 2017년 7월까지 매출액은 492억 7,000만 원이고, 이 중 수수료 수익은 492억 3,000만 원이다. 이를 기준으로 지난해 전체 매출액 대비 순이익률 79.3%를 적용하면 당기순이익은 2,500억 원을 넘어설 것으로 보인다. 여기에 법인세와 지방소득세율 24.2%를 적용하면 대략 600억 원의 세금이 징수될 것이다.

거래소 운영 방식

암호화폐 거래소는 24시간 운영된다. 현재 국내에도 20여 곳의 거래소가 있다. 거래소 홈페이지에서 이메일 주소와 비밀번호를 설정한 다음 스마트폰으로 인증하면 가입된다. 이용자들은 각 거래소에 현금을 입금한 뒤 암호화폐를 구매할 수 있다. 다만 거래소가 거래하는 은행의 계좌가 있어야만 가능하다.

암호화폐의 수수료는 모두 세 가지이다. 암호화폐의 환전수수료와 거래수수료, 암호화폐 네트워크 자체에서 물리는 송금 수수료이다. 원화나 달러와 암호화폐를 바꾸는 데 지불하는 환전수수료는 출금 시에만 물리고 입금 시에는 적용하지 않아 통상 출금수수료라고 한다. 암호화폐 거래 때 지불하는 거래수수료는 팔 때와 살 때 모두 부과된다. 송금수수료는 암호화폐 전송 시 채굴자에게 주는 수수료로, 거래소를 통하지 않고 이더리움이나 비트코인으로 직접 송금해도 지불해야 한다.

거래소에서는 주식시장처럼 원하는 수량만큼의 암호화폐를 구매 요청할 수 있다. 1주가 거래 단위인 주식과 달리 암호화폐는 최대 1억분의 1 단위까지 분할하여 매매할 수 있다. 1억분의 1비트코인은 1사토시다. 예를 들어 2018년 1월 28일 현재 1비트코인은 1,150만 원으로, 1사토시는 0.115원이다. 사토시라는 단위는 비트코인 개발자의 이름에서 땄다. 암호화폐를 구입한 투자자는 거래소에서 암호화폐 입출금과 송금 기능이 있는 일종의 전자지갑(Wallet)을 만들 수 있다. 이 지갑이 개인 ID 겸 은행 계좌번호와 같은 역할을 하기 때문에 이것을 이용하여 다른 사람에게 직접 암호화폐를 보내거나 받을 수 있다.

국내외 주요 암호화폐 거래소

정부의 규제 움직임에도 불구하고 한국의 주요 인터넷 기업들이 암호화폐 거래소 사업에 참여하고 있다. 암호화폐에 대한 투자자의 관심이 워낙 큰 데다가 궁극적으로 자체 사이버머니와 연동하여 시너지 효과를 낼 수 있을 것으로 판단하기 때문이다. 주력 사업을 넘어 암호화폐라는 신사업을 통한 새로운 기회를 모색하려는 움직임도 보인다.

네이버는 일본에 라인 파이낸셜(LINE Financial)을 설립했다. 모바일 메신저 라인(LINE)을 기반으로 암호화폐 거래소를 운영하기 위해서다. 라인은 이미 2014년에 모바일 송금 결제 서비스인 라인페이(LINE Pay)를 개시했는데 암호화폐 거래소 사업으로 영역을 확대하면서 종합 금융 플랫폼으로 키우겠다는 목표를 세웠다.

게임포털 한게임을 운영하는 NHN엔터테인먼트도 투자를 통한 간접 방식으로 거래소 사업을 시작했다. 자회사를 통해 중국에 본사를 둔 거래소 오케이코인(OKCOIN)에 대한 지분 제휴를 맺었다. 암호화폐 거래소의 통계 사이트에 따르면 오케이코인은 거래량 기준으로 세계 2위다. 중국이 2017년 10월 암호화폐 거래소의 폐쇄 조치에 들어가자 일본 등 주변국으로 옮겼는데, 한국에서도 법인을 설립하여 서비스를 시작했다. 향후 최대 60개 이상의 암호화폐에 원화 거래를 지원할 예정이다. 이것은 국내 다른 거래소 가운데 가장 많은 규모다.

카카오톡 메신저를 서비스하고 있는 카카오사는 현재 계열사인 두나무를 통해 암호화폐 거래소를 운영하고 있다. 2017년 10월에 세계 1위 거래소 비트렉스(Bittrex)와의 제휴를 통해 거래소 업비트(UPbit)가 출범했다. 업비트는 현재 국내 1위, 세계 4위 거래소다.

게임사 넥슨(Nexon)의 지주사 NXC도 코빗(Korbit)의 지분을 인수하며 사업을 착수했다. 코빗은 2013년 설립된 국내 최초의 암호화폐 거래소다. 국내에서 가장 오래된 운영 경험을 바탕으로 안정적인 서버와 최상의 보안 시스템을 내세우고 있다.

모바일 게임사 파티게임즈(Pati Games)는 한빛소프트와 함께 코인제스트(COIN ZEST)에 공동 투자 형태로 거래소 사업에 참여하고 있다. 특히 이들 세 회사는 거래소 운영뿐만 아니라 암호화폐공개(ICO)를 통해 발행한 코인을 각자의 게임 등에서 활용할 수 있도록 공동 사업 및 마케팅 제휴를 진행할 계획이다.

국내 1위 거래소 업비트의 거래가 가능한 암호화폐 수는 35개다. 뒤이어 빗썸이 12개이고, 코인원이 9개이다.

현재 주요 암호화폐 거래소로는 한국의 경우 세계 상위권 규모를 갖춘 코빗을 비롯하여 업비트, 빗썸, 코인원(Coinone), 코인네스트(Coinnest), 고팍스(Gopax) 등이 있다. 미국에는 비트멕스(BitMEX), 비트렉스(Bittrex), 코인베이스(Coinbase) 등이 있고, 유럽에는 비트스탬프(Bitstamp), 일본에는 비트플라이어(bitFlyer)와 코인체크(Coincheck), 홍콩에는 바이낸스(Binance)와 비트파이넥스(Bitfinex), 중국에는 비티시차이나(BTCChina) 등이 있다.

4. 암호화폐의 세제

세계 각국의 암호화폐 세금 정책

미국, 영국이나 호주, 일본 등 여러 나라에서는 암호화폐의 거래나 채굴 등을 통한 소득에 소득세와 법인세 및 양도소득세를 부과하고 있다. 그러나 이중과세 논란이 있는 부가가치세는 부과하지 않는 추세다. 독일이 부가가치세를 부과하다가 유럽사법재판소의 2015년 10월 판결에 따라 철회한 사례가 있기 때문이다.

미국 연방국세청(IRS)은 암호화폐를 통화가 아닌 자본자산에 속한 디지털 자산(Digital Asset)으로 간주하고, 거래 시 손익에 대해 신고를 의무화하고 있다. 또한 사이버범죄수사대(CCU) 내에 암호화폐 전담반을 조직하여 2018년 1월부터 양도소득세까지 부과하고 있다. 캐나다 국세청(CRA)은 2013년에 비트코인에 대해 과세하겠다고 밝힌 바 있다. 러시아는 2016년 11월 비트코인이 불법이 아니라고 발표했으며, 현재는 암호화폐 거래소를 허가제로 하려는 법안을 마련 중이다.

일본은 2017년 9월 개정 자금결제법에 의해 암호화폐를 공적인 결제 수단의 하나로 인정하여 암호화폐 구매 시 소비세는 걷지 않고 있다. 그러나 암호화폐 거래로 얻은 이익을 원칙적으로 기타 소득인 잡소득(雜所得)으로 분류하여 소득세를 부과하고 있다. 따라서 근로소득인 급여수입(給與收入)이 일정액이 넘을 때에는 암호화폐 거래 이익에 대하여 확정신고를 하고 구간별 세율에 따라 납세를 해야 한다.

중국은 외형적으로는 암호화폐에 대하여 가장 강력한 규제 정책을 펴고 있는 나라 중 하나이다. 2017년 9월에는 암호화폐 공개(ICO) 금지는 물론이고 거래소를 폐쇄 조치한 데 이어, 지방정부에 채굴까지 금지하도록 지시했다. 동남아시아의 경우 1990년대 말 외환 위기를 겪었기 때문인지 암호화폐에 대해 비교적 강도 높은 규제를 하고 있다. 베트남은 거래는 허용하지만 결제 수단으로서의 암호화폐의 발행이나 사용을 금지하고 있다. 말레이시아는 2018년 초에 암호화폐 거래소의 은행계좌를 동결했다.

한국은 2018년 2월 암호화폐 거래 과정에서의 불법 행위 등을 막고 블록체인 기술은 적극적으로 육성해나간다는 것이 정부의 방침이라고 발표했다. 한편으로 현행법 테두리 내에서 암호화폐 거래의 투명화가 최우선 과제지만, 가상계좌를 통한 자금 세탁 등 불법 행위를 막는 방안을 모색 중이다. 또한 과세 형평성 차원에서 외국의 과세 사례와 세원(稅原) 등을 검토하고 있다.

과세에 따른 논의

국세청이 암호화폐에 과세하는 시점은 사용자가 이익을 확정지은 때다. 그러므로 사용자가 암호화폐를 구입한 이후에 단지 화면에 표시된 상승과 하락에는 과세할 방법이 없다. 하지만 사용자가 암호화폐 거래소에서 거래하는 것 자체가 기록으로 남기 때문에 차후라도 과세 대상이 될 가능성은 있다. 그러나 암호화폐를 환전하지 않고 물건을 구입할 때 사용한다면 돈의 흐름은 추적할 수 있지만 과세하기란 쉽지 않다. 그래서 거래소 규제를 더욱 엄격히 하고 과중한 세금을 부과하는 것으로 방향을 잡은 것으로 보인다.

암호화폐의 모든 거래는 추적 가능한 화폐이기 때문에 얼마든지 과세의 표적이 될 수 있다. 암호화폐가 익명성과 투명성을 동시에 지니고 있기 때문에 과세를 위한 돈의 흐름을 포착하기 쉽지 않겠지만, 사용하는 측에서도 다양한 수단을 사용할 가능성이 있기 때문에 약간의 혼란은 예측된다.

거래소에게 암호화폐는 하나의 상품이기 때문에 팔려는 고객과 사려는 고객을 중개할 수 있다. 그러나 통상의 소매점에서는 그렇게 하지 않는다. 거래소 입장에서는 당장에 운영 비용이나 월급을 지불하기 위해 고객에게서 받은 암호화폐를 현금화할 필요성이 있다. 만약 암호화폐가 일반화되어 누구나 거래할 수 있으면 그럴 필요가 없을 것이다. 그렇게 되기까지는 암호화폐를 법정화폐로 인정해야 하는 복잡한 과정이 필요하다.

암호화폐와 관련 없이 상거래를 하는 사람에게는 거래 수단이 한정되어 있는 화폐가 매우 번거로운 대상이 될 수 있다. 하지만 점포와 거래소에서는 상거래 건수가 늘어남에 따라 자금의 유동성만 담보된다면 차후 좋은 조건에서 매도하려고 계속 모아두게 될 것이다. 그러면 원화 가치를 내리는 출금은 계속되고 입금은 부족한 상태가 된다. 즉 암호화폐로 결제 가능한 점포가 늘어나면 날수록 거래량이 지금보다 증가하게 될 것이다. 그러나 어떤 계기로 자금의 인출이 일시적으로 집중되면 현금 인출을 견디지 못하고 파산하는 거래소가 생길 가능성도 있다.

국내에서도 이미 200만 명 이상이 암호화폐 투자에 참여하고 있는 상황이라 거래소도 우후죽순 출범하고 있다. 정부의 규제 방안이 발표된 2018년 1월 이전까지는 대부분 통신판매업자로 등록하여 손쉽게 영업하고 있었다. 그런데도 암호화폐 거래소를 마치 주식을 거래하는 증권거래소와 유사하게 생각할 뿐, 투자자를 보호할 제대로 된 장치는 마련되어 있지 않다. 은행이나 증권사처럼 투자자 보호를 위해 일정 이상의 자본금을 확보해야 한다는 규제도 없었다.

이렇게 규제의 사각지대라는 점을 이용하여 자본금 100만
~2,000만 원 정도의 영세 사업자들이 거래소 이름을 걸고 수백
억 원대의 고객 자금을 맡아 관리하고 있었다. 암호화폐의 경우
은행 등 기존의 금융기관과 달리 예금자보호법에 적용되지 않
기 때문에 거래소에서 문제가 발생하게 되면 법적인 보호를 받
을 수 없다.

5. 상존하는 보안 위험

전자지갑 월렛

이제 가상통화라는 시대의 흐름을 막을 수도 없고 거스를 수도 없게 되었다. 앞으로 우리의 일상이 가상통화에 의해 어떻게 변화할지 궁금해진다. 그러자면 우선 암호화폐의 사용법을 살펴볼 필요가 있다. 가장 대표적인 암호화폐인 비트코인을 예로 들어보자. 먼저 거래 데이터가 연결된 비트코인을 어떻게 보관하며, 사용은 어떻게 하는지 궁금할 것이다. 그럴 때 사용하는 것이 월렛(Wallet)이라는 전자지갑 애플리케이션이다. 암호화폐를 이용할 때는 우선 이것을 스마트폰이나 PC에 설치해야 한다.

암호화폐는 기본적으로 모두 월렛을 제공한다. 월렛은 이름 그대로 암호화폐의 지갑이다. 암호화폐 거래소에서 구입하거나 누군가로부터 송금받은 비트코인과 같은 암호화폐를 넣어둔다.

실제로 코인이 들어가 있지는 않고 거래 데이터가 남아 있는 형태다. 암호화폐를 보낼 때는 자신의 월렛에서 상대의 월렛 주소에 송금한다. 받는 사람은 상대에게 자기 주소를 알려주어 거기로 보내도록 한다. 실제로 일정 금액을 지불한다거나 입금한다기보다는 데이터를 보낸다는 이미지다. 이렇게 월렛에 보관하고 월렛에서 월렛으로 송금하는 것이 암호화폐의 사용법이다.

다양한 암호화폐가 보급됨에 따라 점차 비트코인 같은 암호화폐로 결제 가능한 상점이 늘어날 것이다. 이러한 현상이 가속화되면 스마트폰 하나만 있어도 상거래를 할 수 있기 때문에 현재 가방이나 주머니에 넣고 다니는 전통적인 지갑은 필요 없어질 수 있다.

월렛은 온라인에 연결되어 바로 출금이 가능한 핫월렛(Hot Wallet)과 오프라인에 존재하여 즉시 출금은 불가능한 콜드스토리지(Cold Storage)로 나뉜다. 개개인의 암호화폐는 전용 계좌인 월렛에 들어 있다. 자신의 월렛을 조회하거나 타인에게 송금을 위해서는 월렛의 암호인 키파일(Key File)이 필요하다. 문제는 64자리에 이르는 복잡한 키파일이 단 한 번만 발급된다는 점이다. 발급 과정에서 개인정보를 입력하지 않기 때문에 인증 절차를 밟아 재발급받을 수도 없다. 그래서 키파일을 잃어버린 월렛의 암호화폐는 유통은커녕 사장되기 일쑤다. 중요한 것은 스마트폰이 월렛이 되는 것이므로 만약 스마트폰을 분실한다면 월렛을 잃어버린 것과 같기 때문에 상당한 위험이 따른다.

월렛 사용의 주의사항

실제로 암호화폐 환경에서는 이런 일들이 빈번하게 일어난다. 월렛을 사용할 때 주의해야 할 점은 공개 키(Public Key)라는 월렛 주소와 키파일의 관리다. 공개 키는 암호화폐를 받거나 잔액을 확인할 수 있는 주소다. 예컨대 '1zWJKRsAn7MoTF4jFurZgWpjVOJMwhLJY' 같은 식으로 복잡하고 긴 숫자와 영어 대문자와 소문자로 섞여 있다. 특히 개인 키(Private Key)는 잘 보관해야 한다. 만약 노출된다면 누구든지 자신의 월렛에서 암호화폐를 가져갈 수 있다.

비트코인의 경우에는 첫 개발자가 만든 공식 월렛 프로그램인 비트코인 코어(Bitcoin Core)가 있다. 이 프로그램은 현재 100기가바이트(GB)가 넘는 블록체인을 모두 다운로드받아야 제대로 사용할 수 있다. 하지만 블록체인을 다운로드받지 않고도 사용할 수 있는 일렉트럼 월렛(Electrum Wallet)도 있다. 또한 프로그램을 설치하지 않고 인터넷상에서 접속하여 사용할 수 있는 월렛으로 블록체인 인포(blockchain.info) 사이트 같은 데서 제공하는 월렛 서비스도 있다. 이 외에도 트레저(TREZOR), 렛저 나노 S(Ledger Nano S), 킵키(KeepKey) 같은 하드웨어 월렛이 있다. 기종에 따라 다르지만 대체로 여러 암호화폐를 지원한다. 하드웨어 월렛은 개인 키를 지갑이 알아서 처리해주기 때문에 노출될 가능성은 낮지만 그에 따른 비용이 드는 단점이 있다.

또한 암호화폐를 보다 안전하게 보관하는 방법으로, 거래소에서 구입한 암호화폐를 자기 컴퓨터의 지갑으로 전송한 이후 송금에 필요한 개인 키를 트루크립트(TrueCrypt)로 암호화한 공간에 저장할 수도 있다. 암호화된 볼륨을 여러 개 복사하여 USB 메모리나 SD카드, 이메일, 클라우드 등에 저장하면 분실이나 고장에 대비할 수 있다. 암호화 볼륨의 암호를 영어 소문자와 대문자, 숫자, 특수문자를 모두 넣어서 12자리 이상으로 만들면 설령 메모리를 분실해도 안전하다. 이러한 오프라인 암호화폐 저장소를 콜드스토리지(Cold Storage)라고 한다. 전쟁이나 재난 상황에서 해외에 피난을 갈 때 대량으로 가지고 나갈 수 없는 종이화폐나 금괴와는 달리 암호화폐는 구글 같은 해외 서버의 이메일이나 클라우드에 키파일을 트루크립트로 암호화해놓으면 안전하게 보관할 수 있다.

한국에서도 암호화폐 하드웨어 월렛이지만 즉시 출금이 불가능한 콜드 스토리지 'KASSE HK-1000'가 2017년 12월에 최초로 개발되었다. 최고 수준의 보안칩(CC EAL5)을 적용한 블록체인 기반의 하드웨어 월렛으로 현재 국내에서 거래되는 비트코인이나 이더리움, 이더리움 클래식 등 8종의 암호화폐를 보관할 수 있다. 휴대성이 뛰어나고 분실했을 경우 동일한 장치를 통해 손쉽게 복원된다.

이제는 암호화폐를 온라인 지갑에 보관하는 것에서 하드디스크, USB 메모리 등 오프라인 저장장치에도 넣어둘 수 있게 되었다. 오프라인에서 보관할 경우에 해킹 피해에서는 안전하지만 휴대성과 보안성에서 취약한 단점이 있다.

일각에서는 암호화폐가 불법이나 편법 상속에 악용될 수 있다고 우려하기도 한다. 국내 거래소들은 은행 계좌와 연동된 실명제로 운영되기 때문에 암호화폐로 상속이나 증여를 하더라도 현금화하는 순간 파악할 수 있다. 하지만 거래소가 아닌 개인에게 직접 구매하거나 해외 거래소에서 구매하는 경우에는 사실상 추적이 불가능하다. 따라서 해외 거래소를 통한 편법이나 증여 등에 대해서도 파악 가능하도록 각국의 협조가 필요한 시점이다.

최초의 거래소 마운트곡스

암호화폐 거래소에서 최초로 거래된 암호화폐는 비트코인이다. 비트코인은 2008년 10월 익명의 개발자가 블록체인 기술을 공개했고, 이를 기반으로 2009년 1월 처음으로 채굴되었다. 그해 5월 비트코인으로 피자 두 판을 구입하면서 최초의 실물 거래가 성사되었다. 그러자 2010년 7월 비트코인의 경제적 가능성을 예감한 제드 맥칼렙이 비트코인과 같은 암호화폐를 거래할 수 있는 마운트곡스라는 거래소를 설립하기에 이른다. 이어서 2011년 들어 로스 윌리엄 울브리히트(Ross William Ulbricht)가 만든 실크로드(Silk Road)라는 이름의 비트코인 상거래 사이트를 통해 경제적 가능성이 확인되자 마운트곡스의 거래량도 덩달아 폭등했다. 2011년 5월에 불과 1달러였던 비트코인이 한 달도 되지 않는 사이에 30배 가까이 치솟자 결국 마운트곡스가 해킹을 당해 다수의 피해자가 발생하면서 비트코인의 가격은 추락을 면치 못했다.

2012년 4월에는 비트코인으로 판돈을 거는 도박 사이트 사토시 다이스(Satoshi Dice)가 개설되면서 사용자가 다시 늘어났다. 2013년에 유럽연합의 일원이었던 그리스의 재정 불안이 정부 규제를 받지 않는 비트코인의 투자로 이어지면서 가치가 급증하여 조금씩 거래소도 생겨나기 시작했다. 한편으로 온라인의 약점을 겨냥한 해커들의 활동 역시 극심해지면서 2014년 2월 결국 마운트곡스는 해킹에 의한 피해를 감당하지 못하고 파산하고 만다. 또한 2015년에는 유럽 최대의 거래소인 비트스탬프(Bitstamp)도 해킹으로 인해 1만 9천 비트코인을 탈취당하는 사건이 발생했다.

해킹의 위험성

사실상 대부분의 국가에는 암호화폐 거래소에 대한 명확한 법적 제도가 마련되어 있지 않다. 중국 등을 비롯한 일부 국가에서는 대외적으로는 강경한 규제 정책을 시행하고 있다고 하지만, 그 외에는 대체로 시장의 자율에 맡기면서 동향을 예의 주시하고 있는 중이다. 그렇다고 비트코인이나 이더리움과 같은 암호화폐를 정부가 보증하는 법정통화나 기업이 보증하는 주식과 같은 유가증권으로 인정할 수도 없는 실정이다. 기존 화폐와 달리 암호화폐의 거래 내역은 익명성이 보장되어 그 내용을 제3자가 알 수 없기 때문에, 상속세나 증여세 등을 물리기도 불가능하기 때문이다.

점차 암호화폐의 가치가 치솟으면서 해커의 활동 또한 더욱 극심해져 일본에서도 2018년 1월 거래소에서 상당한 규모의 해킹 사건이 발생했다. 해킹이 일어난 암호화폐 거래소 '코인체크(Coincheck)'의 계좌에서 다른 해커의 계좌로 암호화폐들이 갑자기 이체된 것이다. 공격 대상이 된 넴(NEM)은 일본의 국민코인으로 불리는 암호화폐다. 시세를 기준으로 580억 엔, 한화로 약 5,600억 원 규모다. 하지만 지금까지 해킹이 어떻게 이루어졌는지 계좌를 가지고 있는 주인이 누구인지조차 밝혀지지 않았다.

전 세계 암호화폐의 순위를 보면 비트코인이 부동의 1위고, 넴은 겨우 6~8위 정도지만 일본에서는 비트코인에 이어서 2위 정도에 랭크되어 있는 인기 있는 소위 국민코인이었다. 다른 암호화폐에 비해 결제 승인 속도가 빠르고 채굴이라는 개념 없이 전액 발행되었기 때문에 추가 인플레이션 위험도 상대적으로 적다는 것이 인기의 이유였다.

해킹당한 가장 큰 이유는 전체 거래 시스템을 24시간 인터넷에 연결해놓았던 것이었다. 제대로 된 보안시스템을 유지하기 위해서는 인터넷이 차단되는 거래 시스템인 콜드 월렛(Cold Wallet)을 따로 확보하고 관리해야 하는데 그것이 미처 갖춰지지 않은 것이다. 1차 책임은 일본 금융청에 있다. 2017년 9월 말부터 일본은 암호화폐 거래소 등록제를 실시하고 있는데, 등록 심사에서 거래가 가능하다고 결정했다. 당시 일본은 암호화폐를 좀 더 활성화하겠다는 정책 목표를 세우고 있었기 때문이다. 이 해킹 사건 이후 일본 정부는 암호화폐를 통한 불법적인 행위나 지급 결제를 없애기 위한 조치는 하겠지만 블록체인 기술의 잠재력에 대해서는 정부 차원에서 연구를 이어가겠다고 입장을 밝혔다.

코인체크 해킹 사건 후, 이미 암호화폐 거래소를 금지하고 있던 중국은 해외 플랫폼을 포함한 거래 관련 온라인 사이트를 모두 차단했다. 그동안 적극적으로 가상통화를 제도권으로 편입하려고 했던 일본도 대규모 해킹 사건 이후 규제를 강화하기 시작했다. 인도에서는 2018년 2월 1일 암호화폐를 불법으로 간주하고 결제 시스템 등 관련 활동을 금지하고 있다. 미국의 뱅크 오브 아메리카(BoA)와 시티그룹(Citigroup Inc.), 그리고 영국의 로이드 뱅킹 그룹(Lloyds Banking Group)에서는 신용카드로 암호화폐를 구매하는 것을 금지한다고 발표했다. 한국도 2017년 말부터 법적 규제의 필요성이 논의된 끝에 2018년 1월 30일부터 암호화폐 거래실명제를 도입했다. 잇따른 거래소와 해킹 사건이 암호화폐 거래소의 강력한 규제로 이어지게 만들었다.

한국도 2017년 12월 암호화폐 거래소 한 곳이 해킹당해 전체 거래 자산 상당 부분을 잃어버리고 파산 절차에 들어가는 사건이 발생했다. 거래소는 경찰 조사에서 170억 원 규모의 암호화폐를 도난당했다고 발표했다. 한국에서 암호화폐 거래소가 파산한 첫 사례다. 거래소 '유빗(Youbit)' 또한 해킹으로 전체 거래 자산의 17%를 탈취당했다. 고객들이 거래소에서 개설한 암호화폐 계좌에서 사고 팔던 코인의 일부가 사라진 것이다. 유빗 측은 입출금을 정지하고 파산 절차를 진행했다. 이 회사가 해킹으로 고객 자산을 탈취당한 건 이번이 두 번째다. 2017년 4월에는 북한 해커에 의해 전체 거래 자산의 37%인 비트코인 3,800개를 탈취당한 적도 있다. 당시 비트코인 가격을 감안하면 약 55억 원 규모. 이때에도 고객들의 계좌에서 비트코인을 37%씩 일률적으로 감액하여 해킹 피해를 고객에게 전가했다는 논란이 일었다. 현재 회사는 당시 사건의 피해자에게 매달 일부 금액씩 보상하고 있지만 이마저도 아직까지 완료되지 못한 상태다.

암호화폐 거래소가 해킹에 취약한 이유는 겉으로는 개인 간의 거래 형식이지만 실제로는 거래소가 대형 컴퓨터에 일정액의 암호화폐를 보관해놓고 구매자에게 파는 구조이기 때문이다. 해커들은 대형 컴퓨터의 서버에 침투한 뒤 사용자의 계좌정보와 비밀번호를 빼내는 방식을 쓴다. 암호화폐는 일반 화폐와 달리 추적이 어렵고 익명성이 보장되기 때문에 해커들은 암호화폐를 몰래 빼낸 뒤 제3국의 거래소에서 현금으로 교환한다.

이처럼 한국도 암호화폐 거래소의 보안 수준이 심각한 수준이다. 한국인터넷진흥원(KISA)의『가상화폐 거래소 보안 취약점 점검 결과』에 따르면 주요 암호화폐 거래소의 보안이 취약한 것으로 드러났으며, 기준을 통과한 업체는 단 한 곳도 없었다. 대부분의 거래소가 침해사고 예방 및 대응 인식이 부족하고 서비스 안전성을 확보하기 위한 방화벽 설치 등 정보보호시스템 도입이 미흡했다.

일부 거래소에서는 업무용 노트북의 반입과 반출을 자유롭게 허용하고 있었다고 한다. 또한 무선 인터넷 공유기로 업무를 비롯하여 주요 네트워크를 관리하고 있어서 악성코드 감염 위험도 높은 것으로 나타났다. 보안 업계에서도 거래소 보안에 대한 우려가 높아지고 있다. 그래서 거래소를 직접 공격하는 해커의 시도가 더욱 거세질 것이라고 예상한다. 정보보안 업체 SK인포섹은 암호화폐 관련 해킹 공격을 2018년 유의해야 할 대표적인 사이버 보안 위협으로 꼽기도 했다. 특히 중소형 규모의 거래소가 많아 보안 위협에 체계적으로 대응하는 데 한계가 있을 수 있다는 점에서도 우려하고 있다.

스캠의 위험성

한편으로 암호화폐 관련 스캠(Scam) 또한 심각한 문제이다. 스캠이란 일종의 사기 수법으로서, 기업의 이메일 정보를 해킹하여 거래처인 척하고 무역 거래 대금을 가로채는 범죄 수법을 가리킨다. 이러한 수법으로 범죄를 저지르는 사람을 스캐머(Scammer)라고 한다. 스캐머는 새로운 코인을 발행한다는 명목을 내세워 비트코인과 이더리움 같은 기존 암호화폐를 대가로 요구하며 투자자의 자산을 가로채고 있다. 결과적으로 투자자들에게 금전 피해를 줄 뿐만 아니라 암호화폐에 대한 신뢰를 떨어뜨려 시장의 악재로 작용한다.

스캠은 1980년대부터 나타났으며 예전에는 주로 편지를 사용했으나 최근 들어 이메일을 사용하고 수법 또한 지능화하고 있다. 스캐머는 주로 피해 대상 기업에 악성코드를 감염시킨 후 업체가 지불 결제 방식을 바꾸도록 유도한다. 그리고 이메일 해킹으로 거래업체 간 주고받는 내용을 지켜보다가 송금과 관련된 내용을 발견했을 때 재빨리 끼어들어 주요 거래처가 메일을 보낸 것처럼 속이고 바뀐 계좌정보로 거래 대금을 빼돌린다. 보안업체 '파이어아이(FireEye)'에 따르면 2016년 4월 한국의 대기업 A사가 사우디아라비아의 국영 석유기업 사우디 아람코(Saudi Aramco)의 자회사를 사칭한 이메일로 막대한 손실을 입었다고 한다.

로맨스 스캠(Romance Scam)도 있다. 페이스북이나 인스타그램 등 SNS로 호감을 표시한 뒤 재력이나 외모를 앞세워 접근하는 수법이다. 공격자들은 기존 은행의 높은 수수료 때문에 거래 은행을 변경했으니 바뀐 계좌로 송금해달라는 등의 메일을 보낸다. 그 과정에서 여러 차례에 담당자와 업무 메일을 주고받기 때문에 불순한 의도를 알아차리기 쉽지 않다. 피해를 막기 위해서는 이메일뿐만 아니라 전화 등 다른 수단으로 반드시 재확인할 필요가 있다.

제5장
...
환상과 현실의 교차로

1. 암호화폐를 보는 상반된 시선

비트코인의 두 얼굴

　　　　　　　　어느 텔레비전 프로그램에서 비트코인을 꿈의 화폐로 지칭하며, 빠른 송금과 저렴한 수수료, 그리고 국가의 정세에 좌우되지 않는다는 것을 세 가지 장점으로 나열했다. 그러나 이것은 잘못된 지적이다. 아니, 실제 상황은 오히려 정반대이다.

　장점이 빠른 송금이라고 하지만 실제로 비트코인을 거래할 때는 트래픽으로 인한 심한 정체가 발생한다. 그것은 블록체인 프로토콜이 어느 한 시점에서 급격하게 변경되는 하드포크(Hard Fork) 때문이다. 거래의 정당성을 제3자가 증명하는 방식을 취하고 은행 거래와 달리 영업 시간의 영향을 받지 않고 24시간 거래가 가능한 것도 원인이 될 수 있다.

　저렴한 수수료라는 것도 비교 대상에 따라 다르겠지만 결코 싸다고 말할 수 없다. 누구나 암호화폐의 거래 수수료는 당연히 없을 것이라고 생각한다. 그러나 거래할 암호화폐가 진짜라고 누군가가 보증하기 위해서는 아무래도 비용이 든다. 즉, 안전이나 신용을 담보하는 데 필요한 비용이다.

그리고 국가의 정세에 좌우되지 않는다지만 사실은 많은 부분 좌우된다. 실제로 국민들이 자국의 화폐를 믿을 수 없다고 판단하면 피난처로서 가격 변동의 영향을 받지 않는 암호화폐로 이동할 가능성을 배제할 수 없다. 하지만 사회적 요구가 심대하여 법이 시장에 맞게 변화하면 법정화폐로의 환전 가능성도 전혀 무시할 수 없다. 만약에 암호화폐가 일상 속으로 들어오게 될 것이라고 가정하면 빼놓을 수 없는 것이 투자 대상으로서의 가치다. 실제로 한국에서 비트코인 같은 암호화폐가 주목받고 있는 이유가 투자 대상이기 때문이라는 점을 무시할 수 없다. 아마도 지금 이 순간에도 많은 사람들이 암호화폐 투자에 관심을 기울일 것이다.

암호화폐 투자의 전망

암호화폐의 투자 환경은 점차 안정될 것이다. 암호화폐를 구입하는 것이 바로 투자이기에 구입하는 자체만으로 이용자가 늘게 되어 결국 암호화폐 이용이 보편화되는 것은 시간문제다. 지금이라도 암호화폐를 이용해보면 어떨까 생각한다면 그것은 이미 투자를 해보겠다는 의지가 생긴 것이다. 그럴 때 잊지 말아야 할 것은 만의 하나라도 투기의 대상으로 본다면 일을 그르칠 수 있다는 점이다. 투자와 투기, 다른 점은 한 글자뿐이지만 실제로는 완전히 다른 것이다. 투자가 아닌 투기의 관점에서 접근하면 머지않아 후회하게 된다. 그렇게 되지 않도록 항상 진중한 자세로 투자에 임하는 데 주의를 기울여야 한다.

투기 사례로서 많이 나오는 것이 17세기 네덜란드에서 있었던 튤립 투기 사건이다. 튤립이 터키에서 유럽으로 유입된 것은 16세기 후반, 이것이 순식간에 각국으로 퍼져 17세기 초에는 귀족이나 상인 계층에서 크게 유행하였다. 네덜란드에서도 품종 개량이 진척되어 1610년경부터 수많은 품종이 비싼 값에 거래되었다. 이 무렵의 거래 당사자는 직업적인 원예가나 애호가로 제한되었고 현물 거래였기 때문에 투기적 요소는 없었다. 그러나 이듬해 수확할 알뿌리의 선물거래가 시작되면서 투기가 조장되어 1633년에는 상류층은 물론이고 전문직이나 근로자에 이르기까지 앞 다투어 선물거래에 몰려들었다.

이러한 현상은 1636년 절정에 달하여 이중 삼중의 문서 거래가 행해졌고 1637년 2월에 마침내 공황이 일어나 가격이 폭락하고 말았다. 이것은 생산의 확장에 기인하지 않은 자본주의의 대표적인 공황 사례라고 말할 수 있다. 한마디로 실물이 받쳐주지 않은, 미래의 불확실한 가치에 대한 투자가 투기화되어가는 과정을 보여주는 것이 이 튤립 투기 사건이다.

사실 어디까지가 투자이고 어디서부터 투기인지는 확실히 나눌 수 없다. 경제학적으로 본다면 어떠한 행위가 경제적 가치를 창출하면 투자이고 그렇지 못하면 투기로 본다. 주식투자는 회사로 들어가 산업자금이 되고 그 자금을 근간으로 새로운 경제적 가치가 창출되므로 투자다. 그러나 도박이나 경마는 전체 가치가 정해져 있고 그 안에서 소유만 바뀌기 때문에 투기가 된다. 투자자의 입장에서 보면 의도와 합법성 여부에 따라 투자와 투기가 구분된다고 할 수 있다. 또한 단순히 단기적인 시세 차익을 노리느냐 마느냐에 따라서도 투기와 투자가 구분된다. 같은 암호화폐 거래에 있어서도 자산을 늘리기 위한 장기적인 목적으로 매입하면 투자지만 단기 차익을 목적으로 구입했으면 투기가 되는 셈이다.

자산을 보다 유익하게 활용하기 위한 지식을 금융 리터러시 (Money Literacy)라고 한다. 투자자들은 금융 리터러시를 바탕으로 투자 자금에 대해서만은 스스로 판단을 내려야 한다. 투자를 결정하면 대부분의 사람은 좀 더 나은 투자처가 어디 없을지 관심을 기울인다. 투자에 성공한 사람일수록 분명 어딘가에 그러한 좋은 투자처를 숨기고 있을 것이라고 여기기 때문이다. 그래도 투자 대상이 암호화폐이든 아니면 장래성 있는 신흥국가이든 간에 금융 리터러시를 가지지 못했다면 매번 우연만 바라게 된다.

투자의 시작은 그 행위가 어떤 결과를 가져올지를 미리 판단하는 것이지, 선택한 투자상품이 유망한지 어떤지를 예측하는 것은 그다음 일이다. 암호화폐의 미래는 결코 어둡지 않고, 끊임없이 변화를 거듭하며 발전해나갈 것이라는 점을 의심하는 이는 없다. 그렇다고 해서 지금 시작하면 성공하리라는 보장은 없다. 정확하게 말하면 반드시 성공하는 투자란 어떤 경우에도 없다.

투자에 임하는 올바른 자세

어찌됐든 암호화폐가 투자 대상이 된 이상 미래의 가능성을 믿고 유효한 방법을 찾아볼 필요가 있다. 이것이 암호화폐와의 기본적인 관계 설정이고 그로써 암호화폐가 자신의 소중한 자산이 되어줄 것이라는 확신을 가질 수 있다.

향후 암호화폐가 어떻게 될까를 생각하는 이면에는 기존 법정화폐와의 공존에 대한 불안함과 기대가 있다. 국가가 암호화폐의 잠재적 가능성을 유용하게 활용하기 위해서는 직접 새로운 화폐를 만드는 것이 가장 바람직하다. 스웨덴의 예가 그렇다. 만약 그렇게 된다면 암호화폐는 실로 화폐의 역사를 새로 쓰는 것과 같다.

하지만 그러한 일은 지금 단계에서는 시기상조다. 암호화폐는 이제 막 시작되었다. 지금으로서는 암호화폐의 성장을 지켜보면서 잘못되지 않는 견고한 이웃으로 만들 필요가 있다. 말하자면 암호화폐는 장래 유망한 벤처기업과 같다. 암호화폐의 발행 주체는 어떤 회사가 아니다. 암호화폐의 룰에 동의한 프로그래머나 마이너들이 그 룰에 근거하여 프로그램을 움직이고 있는 것뿐이다. 그러한 관점으로 본다면 암호화폐의 투자 자체가 벤처기업의 주식을 구입하는 것과 같다. 그래서 이 새로운 벤처기업의 주식을 구입한다는 각오가 암호화폐에 투자하는 가장 적절한 자세라고 생각한다.

현재 암호화폐의 시가총액은 700억 달러, 한화로 약 800조 원으로 알려져 있다. 참고로 세계 최대 기업 애플사의 시가 총액이 1,000조 원이고 삼성전자가 400조 원이다. 국내의 단기 부동자금이 1,000조 원 정도라고 한다. 규모를 보아도 애플사에 근접함을 알 수 있다. 아무튼 정체를 알 수 없고 불면 날아갈 것 같았던 암호화폐가 어느새 세계적인 대기업으로 성장한 것은 사실이다.

물론 지금의 암호화폐가 지속적으로 성장하지 못할 수도 있다. 블록체인 기술의 발전으로 인해 새로운 암호화폐가 끊임없이 출현하고 있고 현재도 그 숫자가 수천 종류에 이른다. 어떤 업계든 수용 가능한 용량이 있다. 가상통화 측면에서도 이처럼 많은 종류의 코인은 필요치 않다. 따라서 상당한 종류는 필연적으로 도태되고 말 것이다. 암호화폐에 대한 기초적인 지식 없이 분위기에 휩쓸려 투자하는 것을 경계해야 한다. 그나마 비트코인과 이더리움, 리플은 투자 대상으로 충분한 가치가 있다.

비트코인은 블록체인 오픈소스를 이용하여 만들어진 첫 암호화폐다. 이후 이 오픈소스를 이용해서 만든 다른 암호화폐들도 만들어졌고 그것을 알트코인이라 한다. 비트코인을 모체로 한 알트코인은 누구나 만들 수 있지만 그렇다고 전부가 활용되는 것은 아니다. 상당한 정보기술과 네트워크 자원이 받쳐줘야 한다. 요즘 비트코인은 투자 대상으로서 상당한 주목을 받고 있지만 머지않아 투자가 아닌 교환의 개념으로 바뀔 것이다. 암호화폐가 현재 법정화폐처럼 물건이나 서비스로 교환되는 것이다. 법정화폐는 개별 국가에서 만들어 유통하기 때문에 얼마나 유통되는지 정확히 알 수 없다. 이것은 전 세계 모든 국가가 마찬가지다. 하지만 비트코인은 애초부터 발행 수량이 정해져 있고 암호화까지 공개되어 있어, 기존 화폐와는 전혀 다른 형태다. 이것이 점차적으로는 금융산업의 혁신에 따른 개인의 자산에 영향을 미쳐 삶의 방식을 바꾸는 촉매제가 될 것이다.

2. 부(富)의 진실

제대로 아는 것이 중요하다

가상통화라는 새로운 물결이 일어나고, 많은 미디어가 그 동향을 시시각각 소개하고 있지만 암호화폐가 구체적으로 어떤 것인지조차 알지 못하는 사람이 대부분이다. 그렇다고 누군가 명쾌하게 설명하거나 미래를 진단해 주지도 못하고 있다. 따라서 지금은 그 정체가 무엇인지 모르는 상태에서 무턱대고 분위기에 휘둘려서는 안 된다. 한편으로 무조건 경원시하거나 위험한 것이라고 단정적으로 말하는 이들도 있지만, 그렇게 무시하는 것도 올바른 자세는 아니다.

어쨌든 암호화폐는 많은 가능성을 지니고 있고, 향후 점차 성장해갈 시장인 것만은 분명하다. 암호화폐가 지닌 기술적 가능성까지 부정할 필요는 없다. 현재로서는 암호화폐에 대해 제대로 아는 것이 중요하다. 현재 세계 모든 국가의 최대 관심사 중 하나이고, 찬반의 여론이 있음에도 활황세를 타고 있는 시장이므로 무조건 잘못된 것으로 취급하여 존재 자체를 무시하려는 것은 어리석은 행위다.

향후 조금씩 규제의 정비가 완비되면 실체를 모르는 것에서 새로운 형태의 금융으로 인정될 가능성도 없지 않으므로 암호화폐는 투자 대상으로서 충분히 매력적이다.

최근에 일어난 일련의 거래소 해킹 사건이나 불법자금 은닉 같은 문제가 해결되어 안정화되면 투자 가능성을 생각해보겠다는 이들도 있지만, 투자의 매력은 많은 사람이 인지하고 일반화한 시점에서는 반감되기 마련이다. 기본적으로 투자는 자본만 있으면 누구나 참가할 수 있으므로, 남보다 조금 더 빨리 시장에 진입하는 편이 유리하다는 것은 상식이다. 하지만 투자를 시작하기 전에 투자 대상에 대한 올바른 지식이 전제되어야 한다.

투기와 투자의 차이

현재 사회적으로 큰 반향을 불러일으키고 있는 암호화폐에 대한 관심은 대부분 '나도 한번 벌어볼까'라는 단계에서 한 걸음 더 나아간 정도의 관심이다. 여기에는 오로지 벌겠다는 각오까지 담겨 있다. 그러나 오로지 벌어보겠다는 단계에서 그 수단으로 암호화폐에 집착하는 것은 잘못된 선택이다. 암호화폐를 오직 돈을 버는 수단으로 이용하는 것은 투자가 아니라 투기, 즉 도박이다.

투기란 아무런 정보도 없이 막연히 오를 것이라는 기대감으로 하는 것이다. 투자 역시 오를 것이라는 기대로 시작하지만 분명 차이가 있다. 투자로 이끌었던 정보를 다시금 생각해보면 오를 것이라는 기대감을 바탕으로 수집했거나, 정보를 기반으로 하여 오를 것이라는 기대가 형성되었음을 알 수 있다. 사실 대부분의 암호화폐 투자자들은 생각보다 사전 정보 없이 투자를 강행하고 있다. 그러한 결정을 하기까지 주변 사람들이 제공하는 정보나 커뮤니티 등에서 만들어진 기대감이 영향을 끼쳤을 것이다. 그것은 단적으로 말해 투자가 아닌 잠재적 투기를 한 것이기 때문에 결과적으로 손실을 볼 수밖에 없다.

불법 투자에 주의하라

최근 들어 암호화폐 시장에 다단계업자들이 몰려들고 있다. 2017년 7월 시작된 집중 단속에 의해 2018년 3월까지 확인된 피해액만 이미 5,000억 원을 넘어섰다고 한다. 문제가 되는 회사들 대부분은 고객이 채굴기를 사서 운용을 위탁하면 채굴에 따른 수익을 분배하는 방식으로 운영해왔다고 한다. 하지만 사람들의 관심을 끄는 것은 새로운 회원을 유치할 때 지급되는 수당이다. 투자와 수당은 모두 비트코인과 이더리움으로 지급하고 있다. 채굴기 다단계의 경우 설령 사업장을 실사한다 해도 비전문가들이 실제 투자한 만큼의 채굴이 이뤄지고 있는지 확인하기란 쉽지 않다.

현행법상 유사수신은 원금을 보장하거나 확정금리를 제시하고 금전을 모으는 행위를 말하는데, 현재로서는 암호화폐가 금전에 해당하는지 모호하다. 방문판매법을 적용하려 해도 재화나 용역을 팔아야 위법인데 코인을 팔았다고 해서 적용할 수 있을지가 애매하다. 또한 현행법상 암호화폐를 금전으로 보는 것도 무리다. 그런 맹점을 이용해 암호화폐로 투자금을 받고 수당도 암호화폐로 주는 수법을 사용하는 형태가 빈번하게 일어나고 있다.

암호화폐 투자, 어떻게 시작할까

비트코인은 2017년에 이르러서야 더욱 많이 알려지게 되었다. 갑자기 불어닥친 열풍은 언론을 통해 암호화폐의 기반 기술인 블록체인에 대한 관심이 높아졌기 때문이다. 특히 암호화폐가 추구하는 것이 중앙집권화된 시스템이 아닌 분산화된 형태라는 점이 많은 이들의 호기심을 불러일으켰을 것이다. 일확천금에 현혹되지 말고 조금이라도 자산을 늘릴 수 있는 건강한 투자법을 찾는다면 암호화폐가 가치 있는 대상이 될 수 있을 것이다.

하지만 아무리 좋은 기회라도 자금이 없다면 무용지물이다.

투자 자금을 마련하기 위해서는 철저한 계획이 필요하다. 기본적으로 4단계 과정이 필요하다. 각오를 하고 돈을 번다, 모은다, 늘린다, 절제해서 지출한다. 이 4단계를 위해서는 무엇보다 금융과 친숙해져야 한다.

『부자 아빠 가난한 아빠』의 저자 로버트 기요사키는 자산의 취득 방법을 설명하기 위해 사분면(四分面) 도형을 사용한다. 대부분의 사람들은 봉급생활자(Enployee : E), 자영업자(Self Enployee : S), 비즈니스 오너(Business Owner : B), 투자자(Investor : I)라는 4개의 직업군에 속해 자산을 취득한다.

자산 취득을 위한 사분면

E Enployee (봉급생활자)	B Business Owner (비즈니스 오너)
S Self Enployee (자영업자)	I Investor (투자자)

이 직업군들이 자산을 취득하는 방식은 각각 다르다. E는 시스템을 위해서 일을 한다. S는 시스템 그 자체로서 시스템을 위해 일을 한다. B는 시스템을 만들고 소유하고 통제한다. I는 시

스템에 자산을 투입하고 여유를 즐긴다. E와 S에게는 시간이 곧 돈이다. 자신의 시간을 들여 일을 해서 자산을 취득한다. 반면 B와 I는 시간이 자유롭고 돈이 자신을 위해 일하게 한다.

저자는 작금의 위기적 경제 상황을 생각하면 E나 S에 계속 머무를 것이 아니라 B와 I로 이동하는 것이 중요하다고 말한다. 또한 불안정한 경제 상황이 계속되는 시대에 그와 같은 사분면 방식에만 의존하는 것은 위험하기 때문에 '몇 개의 특성이 합쳐진 사분면'을 추천하고 있다.

몇 개의 특성이 합쳐진 사분면이 어려울 것이라고 여길지 모르겠지만 사실 봉급생활자가 투자하려는 것 자체가 훌륭한 하이브리드(Hybrid)다. 암호화폐의 가격 변동에 따른 불확실성에 일희일비하거나 온라인 도박을 하듯 종일 컴퓨터 앞에 붙어 앉아 사고 파는 타이밍만 노리는 것은 사분면 B나 I의 자산 취득 방법이 아니다. 자신의 시간을 들여 자산을 취득하는 E나 S의 방식이다.

투기에는 정신적인 자유도가 없다. 끊임없이 불확실성에 신경 쓰여 사고할 여유가 없어진다. 그렇게 되면 본업에 집중하여 구하게 될 성과를 기대할 수 없다. 설령 운이 좋아 많은 자금을 얻더라도 다시 잃을 수 있다.

그래서 암호화폐 투자에 전력을 다하고 싶을 때는 '벌겠다'가 아니라 친숙해지겠다, 다시 말해 '늘려보겠다'는 자세를 가져야 한다. 일단은 모아서 저축하고, 그 잉여 자금을 투자하여 늘려야 비로소 자산의 규모가 커진다. 무조건 벌겠다는 것은 현실적으로 어려운 일이다. 샐러리맨이 급여를 지금보다 50만 원 늘리려고 작정했다고 해서 간단히 해결될 수 있을까. 회사와 협의하려 하면 이상한 사람으로 오해받기 십상일 것이다. 버는 것은 자신의 의지로는 어쩔 수 있는 일이 아니다.

반면 모으고, 늘리고, 절제해서 지출하는 것은 자기 의지로 어느 정도 통제가 가능하다. 돈을 모으기 위해서는 일정액을 꾸준히 저축하면 되고, 올바른 지식을 근거로 투자한다면 늘릴 수 있다. 지출을 절제하는 것도 자기 의지로 가능하다. 항상 무엇에 얼마만큼 사용하고 있는지를 꼼꼼하게 기록하고 지출할 때마다 몇 번씩 숙고를 거듭하면 된다.

그렇게 자산을 준비한 뒤 암호화폐에 대해 공부한다. 암호화폐가 언제 황금으로 다가올지 예측할 수 있을 때 비로소 늘려보자는 단계로 이동하는 것이다. 그렇기에 투자에 대한 올바른 지식과 자세가 필요하다.

3. 금전출납부의 활용

원금을 지키는 것이 투자의 원칙

투자금을 만들기 위해 지출을 어떻게 하면 효율적으로 줄일 수 있을까. 암호화폐는 어디까지나 자산을 늘리고 싶을 때 선택하는 수단이다. 따라서 자산에 관한 폭넓은 지식과 함께 어떻게 접근하는 것이 바람직할지 생각지 않는다면 암호화폐를 자신의 것으로 만들기 어렵다. 세계 최고의 투자자인 워런 버핏은 실패하지 않는 투자를 위한 두 가지 원칙을 말했다. 첫째, 절대로 잃지 않는다. 둘째, 절대로 첫째 원칙을 잊지 않는다. 다시 말해 투자할 때는 얼마나 벌 수 있을지보다 어떻게 해야 손해를 보지 않을지를 더 중요하게 생각해야 한다는 지적이다.

암호화폐가 일반 사람들에게는 그렇게까지 널리 알려져 있지 않지만 투자자의 관점에서 보면 흥미로운 대상인 것만은 틀

림없다. 그러나 조금 냉정한 관점에서 본다면 초보자가 암호화폐로 돈을 벌겠다는 발상 자체가 위험한 것이다. 먼저 돈과 친숙해지는 시간부터 가질 필요가 있다. 그렇지 않고 오로지 돈을 벌 기회로 생각하고 암호화폐에 투자하는 것은 최악의 경우 원금이라도 지켜야 하는 투자의 원칙조차 완전히 잊어버린 자세다.

그리고 지키는 것은 사용하는 것과 직결된다. 어째서 돈을 사용하는 것이 지키는 것과 연결될까. 돈을 버는 문제는 자기 의지로 어떻게 변화를 주기 어렵다. 그러나 돈을 사용할 때는 사용에 대해 재고하는 것으로써 스스로 지출을 조절할 수 있다. 나아가 지출을 억제한다는 것이 자신의 자산을 지키는 것으로 연결되는 것이다.

지출을 조절하기 위한 금전출납부

지출의 조절을 위해 우선 필요한 것이 가계부 성격의 금전출납부다. 자금의 사용은 낭비와 소비, 그리고 투자다. 낭비란 한마디로 쓸데없는 사용이고 필요 없는 것을 굳이 구입하거나 지나치게 소비하는 행위다. 머지않아 후회하게 될 행동이다.

소비는 당장의 생활을 유지하기 위한 최소한의 필수품 구입비와 식비 같은 것들이다. 투자는 현재의 생활 때문이 아니라 장래를 위한 사용이다. 낭비는 과거, 소비는 현재, 투자는 미래를 위한 것이기에 자신이 어디에 주목하고 있는지에 따라 사용에 대한 지향이 달라진다.

낭비에 많은 지출을 하는 유형은 수중에 돈이 있을 리 없고, 부채가 생길 가능성이 높다. 소비의 볼륨이 큰 사람은 대체로 지금을 즐기고 싶다는 경향이 많다. 오늘이 아니라 미래를 생각하는 사람은 당연히 투자의 비중이 높다. 지출을 기록하고 그것이 과거를 위한 것인지 현재를 위한 것인지 미래를 위한 것인지 파악하여 각각 다른 색을 칠해 분류해보면 자신의 성향이나 돈을 사용하는 방식을 알 수 있다.

투자 자금의 상한선을 정하라

서민과 중산층은 돈을 위해 일하지만 부자들은 돈이 자신을 위해 일하게 만든다. 그들은 어떠한 경우에도 돈을 위해 일하지 않는다. 부자들의 특징은 매사에 금전을 정복하는 것이라고 말할 수 있다.

그래서 상장(上場)을 알아야 한다. 상장이라고 해도 주식상장 같은 것이 아니다. 여기서는 사용할 자금의 적정 액수와 적정 비율을 말한다. 한국경제연구원이 2017년 임금근로자 1,544만 명의 자료를 분석한 결과, 근로자의 평균 연봉은 3,387만 원, 전체 근로자의 연봉 분포에서 중간 순위에 위치한 근로자의 연봉은 2,623만 원, 상위 10%에 자리잡은 근로자의 연봉은 6,607만 원으로 조사되었다.

어렵겠지만 만약 현재 매월 수입의 20%를 저축하고 있다면 암호화폐에 투자하는 자금은 10% 정도를 상한으로 하는 것이 바람직하다.

통장의 분산

저축을 위해서는 먼저 통장을 각기 따로 만들어야 한다. 즉, 자산을 여러 개의 통장에 분산하여 운용할 수 있게 나누어놓는 것이다.

월급통장 하나로 수입과 지출, 저축, 투자 모든 것을 관리하면 자금이 어떻게 쓰이는지 구체적인 흐름을 알 수 없지만 분산 관리하면 충동적인 지출을 막을 수 있다. 덧붙여 통장의 효율적인 분산을 위해서는 사용 목적에 따라 나눌 수도 있다. 월급/지출/투자/비상금으로 나누어 매월 소득과 지출, 저축을 한눈에 파악할 수 있도록 하는 것이다. 쓰이는 용도에 따라 월급통장에서 이체시켜 관리한다면 더욱 효율적으로 관리할 수 있다.

월급통장은 월급이 들어오는 주요 통장으로 이곳에서 각종 공과금과 대출금, 보험료 등 고정비용이 지출된다. 고정지출 규모를 파악한 후에 필요한 액수보다 자금을 조금씩 더 여유롭게 넣어두는 게 좋은데 이는 추가로 결제할 가용성을 미리 준비하기 위해서다.

지출통장은 생필품과 의류, 외식비 등 변동 지출을 위한 통장이다. 근로소득자에게 가장 중요한 것이 바로 소비를 절제하는 것인데 이 통장에 일정 금액의 생활비를 이체시켰다면 꼭 지출통장에 체크카드를 연결하여 사용해야 한다. 신용카드는 당장 지불되지 않기 때문에 소비 의식을 무감각하게 만들 수 있기 때문에 지출 내용을 단번에 확인할 수 있는 체크카드 사용이 필수적이다.

투자통장은 투자할 자금을 모아두는 통장으로 적금이나 펀드에 가입할 경우 이 통장에서 이체하면 된다. 모든 투자상품의 자동이체 날짜는 가능한 동일하게 하고, 주거래 은행을 이용해야 더 많은 혜택이 주어진다.

한 달 동안 쓰고도 남은 생활비가 있다면 비상금통장에 이체한다. 보통 월급의 일정 금액을 모아두는데 이상적인 비상금은 평균 생활비의 3배, 즉 월급의 3배 정도다. 입출금이 자유롭고 단기간에 금리를 제공하는 통장으로 개설하여 관리하면 병원비와 출산, 경조사 등 예상치 못한 지출이 일어날 때 용이하다.

하지만 아무리 통장을 잘 분산했어도 제대로 활용하지 못하면 아무 소용이 없다. 본인의 재무적인 목표와 여건, 상황 등을 충분하게 고려하여 관리하는 것이 중요하다. 지출통장을 통해 매달 소비 내역을 정확히 파악하고 비상금통장과 투자통장을 활용하여 재무적인 목표와 계획을 보다 치밀하게 세워야 한다.

하지만 이러한 통장 분산이 모든 사람에게 통용되는 방식은 아니다. 예를 들어 주택 구입같이 거주가 중요하다는 가치관을 가진 사람에게는 별도의 상당한 저축이 필요할 것이다. 월세로 살아도 승용차를 갖고 싶다거나 집이 없어도 괜찮다고 생각하면 지출 형태가 달라질 수 있다. 따라서 금전출납부에 지출 내역을 기록해서 일반적인 기준과 비교하면서 자신의 지출이 어디에 얼마만큼 많거나 적은지 파악하자. 그에 따라 자신의 지출 성향이나 습관을 알게 되면 객관적인 수치로 보는 것만으로도 일정 부분 지출을 줄일 수 있다.

대부분의 사람들은 자신의 지출을 전부 드러내어 평가하지 않는다. 그래서 줄여야 할 때 편의상 주거비만 줄이는 경우가 많은데 그 외의 부분에 대해서는 어떻게 하는 것이 현명한지 잘 생각하지 않는다. 즉, 돈을 버는 것에서는 뛰어나지만 의외로 사용하는 데는 서투르다. 그러나 수입과 지출을 완전히 별개로 나누어 생각하는 것이 중요하다. 투자를 하고 싶은데 자금이 부족하다고 말하는 사람들이 많지만, 사실 지출을 절제하는 것만으로도 얼마든지 자금을 마련할 수 있다.

4. 부자를 만드는 것은 자신이다

돈, 버는 것보다 쓰는 것이 중요하다

요즘 인터넷상에서 암호화폐로 크게 한번 벌어보고 싶다는 게시글이나 댓글을 많이 본다. 물론 비트코인 등의 암호화폐 가치가 갑자기 몇십 배로 뛰어올랐다는 건 사실이다. 자신이 구입한 암호화폐가 몇십 배나 뛰었다고 하면 로또복권에 당첨된 것과 마찬가지다. 그러나 투자에서 중요한 것은 공격보다 오히려 지킴이다. 부자가 되기 위해서는 자산의 사용법, 다시 말해 어떻게 벌 것인지보다 어떻게 활용할지가 더 중요하다.

로또복권 당첨자들은 대개 돈의 사용법에서 실패하는 경우가 많다. 대부분이 낭비 때문이다. 자신의 수준을 망각하고 생활의 리듬을 잃어 계속해서 소비를 이어가기 때문이다. 그 과정에서 점차 더 높은 수준을 유지하기 위해 더 많은 소비를 하게 된다.

따라서 생각지 못한 수입이 들어왔다고 해서 자신의 능력보다 높은 생활을 유지하고자 하는 것은 절망으로 가는 첫발을 내딛는 것이나 다름없다. 아무리 자산이 많아도 수입 이상으로 지출하면 눈 깜짝할 사이에 소진되기 때문이다.

실제로 수십억의 자산이 있었지만 한순간 다 잃어버렸다고 푸념하는 사람들도 주변에서 볼 수 있다. 효율적인 경제 생활 전략은 자신에게 맞는 수준으로 사는 것이다. 다시 말해 자산에서 발생하는 수익으로만 생활하는 것이다. 자신이 소유한 자금과 자신의 능력으로 지속적인 수익을 창출할 수만 있다면 생활 수준을 지금보다 조금 더 올려도 큰 문제가 되지 않는다. 물론 각자의 생활 방식에 따라 다를 수 있겠지만 수입이 늘어났다고 해서 갑자기 생활 수준을 급격히 높이는 것은 바람직하지 않다. 특히 주식이나 부동산처럼 매각에 따른 큰 차익이 발생했을 때 주의가 요망된다. 로또에 당첨되는 것과 같은 우연한 수익으로 인해 생활 수준을 바꾸는 것도 경계해야 한다.

명심해야 할 것은 투자 대상에 대한 기초적인 지식과 소유하고 있는 자금의 규모가 다르면 잘못되기 십상이라는 점이다. 암호화폐뿐만 아니라 다른 투자에서도 마찬가지다. 워런 버핏은 부자가 된 후에도 기본적인 생활 방식을 하나도 바꾸지 않았다고 한다. 현재에도 미국 네브라스카주의 작은 마을에 있는, 결혼할 때 구입한 오래된 집에서 살고 있다. 자동차는 중고이며 식사는 햄버거같이 지극히 평범한 것들이다. 이렇게 살 수 있는 것은 자신이 투자자라는 강한 자각이 있기 때문이 아닐까. 그는 열한 살 때 첫 주식을 샀는데도 너무 늦게 시작했다고 후회했다. 그리고 열네 살 때 신문배달을 하며 저축한 돈으로 조그만 농장을 구입했다. 어디를 가든 직접 운전을 하고 다니고, 경호원을 두지 않으며, 절대 자가용 비행기로 여행하지 않는다. 퇴근한 후에는 가족들과 어울려 팝콘을 튀기고 텔레비전을 본다.

워런 버핏의 투자 원칙

그런 그가 조언을 원하는 투자자들에게 반드시 두 가지 원칙을 심어주는데, 첫 번째가 돈을 잃지 말라는 것이고, 두 번째가 첫 번째 원칙을 잊지 말라는 당부이다. 젊은 사람들에게는 신용카드를 멀리하고 스스로에게 투자하라고 충고한다. 돈이 사람을 만들지 않는다. 돈을 만드는 것은 사람이다. 그래서 각자의 분수에 맞게 가능한 한 단순한 삶을 살라고 한다. 행복한 사람은 무엇이든 좋은 것만 갖는 사람이 아니라 자신이 노력하여 얻은 것을 감사하게 생각하는 사람이기 때문이다.

설령 많은 투자 차익이 생겼다고 해서 함부로 생활 수준을 바꿔서는 안 된다. 그러한 수익에는 항상 불안정이 내포되어 있다. 무엇보다 문제가 되는 것은 세금이다. 앞으로 암호화폐 수익에도 상당한 과세가 이뤄질 것으로 보인다.

투자 경험이 풍부한 사람일수록 승부에서 이기기 위해 투자하면 반드시 실패한다고 말한다. 보통 사람들은 투자할 때 대체로 바로 여기, 또는 지금이라는 타이밍이 중요하다고 생각한다. 그들은 이것을 일종의 승부라고 여긴다. 이 경우에 그들이 말하는 승부란 소위 한 방을 노리고 사지 않아도 되는 상품을 사거나, 무리하게 적정 이상의 금액으로 구입하는 것이다. 결과적으로 막대한 손해를 보게 되지만 그 후에도 감정을 주체하지 못하고, 또다시 설득력 없고 논리적이지도 못한 투자를 거듭한다.

불확실성이 큰 암호화폐 투자

현재의 암호화폐 투자는 불확실성이 너무 많기 때문에 절호의 기회로 보고 무작정 승부를 걸기에는 위험성이 크다. 분명 투자에 성공할 가능성이 없진 않고, 사람들이 막연한 꿈을 가지고 있는 것도 무리가 아니다. 그러나 명심해야 할 것은 들뜬 감정을 자제하고 스스로를 냉정하게 돌아봐야 한다는 사실이다.

투자는 결코 돈을 벌기 위해서가 아니라 돈을 늘리기 위해서 하는 것이라는 원칙을 잊지 말아야 한다. 자신이 어느 정도의 액수를 투자금으로 쓰고 있는지에 대한 명확한 기준을 갖고 있다면 무모한 승부를 어느 정도 절제할 수 있을 것이다. 금전출납부를 기록하면 지출의 기준을 맞춰 일정한 투자액을 산출할 수 있다. 당연한 말이지만 감정을 절제하지 못하면 불미스러운 일에 휘말리게 된다. 예를 들어 엉터리 코인 같은 것들이다. 새로운 코인이 발행되었고 지금 사두면 많은 수익을 올릴 수 있다는 조언을 듣는다 해도, 실제로는 발행된 적이 없는 미공개 코인인 경우가 부지기수다.

예를 들어, 살던 집을 담보로 대출을 받고 지인이나 부모님의 퇴직금까지 빌려, 실로 인생을 걸고 암호화폐 투자에 뛰어든 사람이 있었다. 놀랍게도 그는 과거 부동산 투자로 성공한 사람이었고, 평소 상당한 실적을 내던 탁월한 투자자였다. 그런데도 암호화폐 투자에서는 하루아침에 큰 손실을 입었다. 만약 부동산 투자였다면 그렇게 무모하게 뛰어들었을까. 주변에서 큰 수익이 날 만한 부동산 투자 건이 있다고 권유했어도 말만 듣고 그렇게 하지 않았을 것이다. 지금 막 시작된 새로운 투자 대상, 암호화폐는 투자의 달인조차 냉정함을 잃게 만든다.

물론 승부를 걸겠다는 각오 없이 저절로 성공한 사례도 있다. 오로지 운이 좋아 성공한 마치 소설 같은 이야기다. 단돈 8만 원을 투자하여 불과 2년도 채 되지 않은 기간에 280억 원을 만든 스물세 살 청년의 사례가 미디어에 소개되면서 한동안 암호화폐 시장을 뜨겁게 달구었다. 2018년 1월 어느 텔레비전 프로그램에서 다룬 암호화폐 투자 사례 중 성공담이었다. 이 청년은 2016년 3월 암호화폐 투자를 처음 시작했다고 한다. 그가 설명한 투자 방법은 그저 사람들이 많이 몰리는 방향으로 가는 것이었다. 앞으로 암호화폐의 가치가 더 오를 것으로 예상하고 현금화하지 않고 그대로 보유하고 있다고 한다. 장기적으로 보면 더 늘어날 것으로 예측되지만 그 역시 암호화폐는 분명 거품이라고 인정했다.

생각하기 나름이지만 투자 측면에서 암호화폐는 병이 될 수도 있고 약이 될 수도 있다. 하지만 결코 오기나 투기로 투자에 접근해서는 안 된다.

5. 암호화폐의 경제적 가능성

열심히 돈을 벌고, 모으고, 사용하는 것 모두 더 나은 삶을 위해 하는 자연스러운 행동이다. 그런데 사람들은 부자가 되기 위해 자산을 늘려보겠다는 생각은 하면서도 자산을 늘린다는 개념조차 제대로 알지 못한다.

투자, 배우고 노력해야 한다

투자에 대해서는 반드시 학습할 필요가 있다. 모진 실패를 경험하면서 스스로 체득하는 것도 학습이지만, 다양한 경제 강좌를 통해 타인의 실패 사례에서 배우는 방법도 있다. 암호화폐 투자도 결국은 투자다. 돈을 늘리기 위한 방법 중 하나일 뿐이고, 순차적으로 말한다면 돈을 벌어서 모은 이후에 선택할 대상 중 하나인 것이다. 이를 잘못 이해하여 암호화폐를 돈벌이 수단으로 삼는 것은 투자를 투기로 여기는 행위다.

　아무튼 암호화폐를 투자의 대상으로 삼는다면 원칙에 맞춰 접근해야 한다. 암호화폐를 유일한 투자처로 삼지 말고 어디까지나 포트폴리오 측면에서 분산투자 대상의 일부로 생각해야 한다. 본업으로 돈을 벌어서 모은 후에 잉여자금으로 투자할 것을 권한다. 개개인의 현금 유동성에 따라 조금씩 다르겠지만 대체로 암호화폐 투자는 소유 자금의 5~15% 범위 내에서 하는 게 좋다. 이 원칙은 비록 투자에만 국한된 것이 아니라 다른 비즈니스에도 똑같이 적용된다.

　귀찮더라도 학습하여 그 업무를 효율성 있게 해낸 사람이야말로 결과적으로 유리한 고지에 설 수 있다. 귀찮고 하기 싫은 일, 어려워서 멀리하고 싶은 일을 일부러 찾아서 하던 사람이 그것을 상품이나 서비스로 만들어 크게 성공하는 경우가 많다. 사실 돈은 귀찮은 일을 감수해야 얻을 수 있다고 해도 과언이 아니다. 그래서 번거롭고 귀찮더라도 필요한 정보를 수집하고, 분석, 관찰하여 자신의 것으로 만들어야 한다. 이런 번잡스럽고 귀찮은 작업을 수행하고 난 후에야 성공할 확률이 높아진다. 투자회사에 속한 투자자들은 연간 수백억 원의 투자 수익을 창출해도 당연하게 생각하는 경우가 많다. 그만한 수익을 낼 만큼 노력해서 얻은 결과라는 것을 알고 있기 때문이다.

상위 1%의 투자자가 되기 위해

투자에는 어떤 교육이 필요할까. 경험에서 말하자면 무작위로 모인 100명 중에 상위 1%가 되는 것은 어렵지 않다. 투자 성공의 요인 중에는 질 높은 교육이 50%이고, 노력이 40%, 운이나 재능이 10%이기 때문이다. 그렇기 때문에 샐러리맨이나 자영업자여도 투자로 성공할 수 있다.

여기서 질 높은 교육이란 유익한 투자 조언을 들었다든지 수준 높은 강좌에 참여했다는 의미다. 교육은 누구에게 어떻게 배웠는지가 중요하다.

노력이란 시간을 어디에 얼마만큼 소요할 것인가와 관련되어 있다. 예를 들어 투자에 대해 배우겠다고 몇 시간씩 책상에 앉아 인터넷 서핑을 하는 것만으로는 부족하다. 웹상에는 부정확한 정보가 너무 많아 인터넷에서 얻는 정보는 특히 조심해서 취급해야 한다. 물론 그중에서도 좋은 투자 정보만 뽑아놓은 곳을 찾을 수 있지만, 손쉬운 길인 줄 알고 찾아 들어갔는데 의외로 헤매다가 시간을 낭비하는 경우가 더 많다. 투자 대상에 어느 정도 시간을 들이는 것이야말로 얼핏 멀리 가는 것처럼 보여도 빠르게 목적지에 도달할 수 있는 방법이다.

운이나 재능은 자기 의지로는 어떻게 할 수 없는 일일지도 모른다. 그러나 성공의 요인 중 운과 재능이 차지하는 비중은 10%밖에 안 된다. 운이 대세를 결정짓는 요인은 아니라는 말이다. 뒤집어 말하면 설령 아무리 뛰어난 재능을 지녔다 하더라도 나

머지 90%를 제대로 채우지 못하는 한 성공을 거둘 수 없다. 투자에 성공한 사람 중에서 쉽게 이루었다는 말을 하는 이는 없다. 오히려 좀 더 많이 고생하고 공부하여 도전하겠다는 각오가 상위 1%의 성공으로 이어진다.

고위험 투자의 원칙

　　　　　　　　이상적인 암호화폐의 투자에서 잊지 말아야 할 원칙은 암호화폐를 고위험, 고수익 투자 상품이라는 것을 인식하고 투자 포토폴리오의 일부로 생각해야 한다는 점이다. 그리고 앞으로 어떻게 될지도 모르는 불확실한 투자 대상이라는 점도 잊지 말아야 한다. 소유 자산에서 투자액이 20%를 넘는다면 그것은 투자가 아니라 투기다.

　암호화폐만이 아니라 고위험 상품에는 소유 자산의 10~15% 미만으로 투자하는 것이 원칙이다. 고위험, 고수익 상품은 성공하면 큰 수익을 창출할 수 있지만, 빗나갈 가능성도 높기 때문이다. 세상에는 저위험에 고수익을 얻을 수 있는 상품은 없다. 그러한 점을 염두에 두고 투자를 검토할 때는 만일의 사태를 가정해 실패해도 괜찮다는 각오로 시작해야 한다. 물론 개개인의 자산 상황이나 처한 입장에 따라 위험을 느끼는 정도가 달라질 수 있다.

　일반론으로 말하면 고위험 10%, 중위험 30%, 저위험 60%, 정도를 기준으로 삼는 것이 유익하다. 고위험 상품에 투자를 검토할 때는 손실이 발생할 경우 어느 정도의 기간에 원금을 보존할 수 있을지 고심해야 한다. 통상 1년 내에 원금을 회복할 수 있는 비율을 5%로 가정하고 있다. 2년 이내에 원금을 회복할 수 있는 비율은 10% 정도가 된다.

　세상에는 단 10원도 잃고 싶지 않다는 사람도 많지만, 이러한 손실까지 어느 정도 예측한 뒤에 계획을 세운다면 자금의 일부를 비록 고위험 상품인 암호화폐에 투자하는 것도 나쁘지 않다. 현재가 힘들어도 행복할 수 있지만, 미래가 불안하면 행복하기 어렵다. 미래를 준비하려면 저축과 투자를 해야 한다. 그런데 지금 당장 저축한다는 게 사실 힘든 일이다. 저축을 효과적으로 도와주는 것이 바로 현명한 장기 투자다.

달러비용평균법

　　　　　　　　　　투자란 장기 운용이 기본이다. 처음에 상품을 선정할 때에는 용기와 자신감이 필요하다. 그래도 불확실성이 큰 현재의 암호화폐 시장에서는 가격이 신경 쓰일지 모른다. 초심자라면 더욱 그렇다.

　스마트폰에 깔린 거래소 시황 화면에는 매 순간 가격의 등락이 표시된다. 등락할 때마다 심리적 압박을 받아 일상생활에 영향을 끼칠 정도다. 현재 소유한 암호화폐의 가격에 신경이 쓰여 일이 제대로 손에 잡히지 않는다. 이러한 가격의 불확실성에 일희일비하는 것이야말로 잘못된 자세다. 일상생활에 지장을 주고 본업에 위협을 초래하면서까지 몰두한다면 그 투자는 어딘가 잘못되어 있을 가능성이 크다. 최악의 경우에 암호화폐의 투자액이 모두 제로가 되어도 일상생활에 지장을 초래하거나 자신의 자산 구조에 무리가 따르지 않는 정도가 바람직하다.

물론 암호화폐의 미래를 기대하는 것 자체가 잘못은 아니다. 암호화폐처럼 불확실성이 큰 투자 상품일수록 투자 기간을 늘리거나 비싸건 싸건 상관없이 일정액만큼 지속적으로 구매하는 것만으로 어느 정도 유동 폭을 고르게 하는 효과가 있다.

그러한 투자 방법이 달러비용평균법(Dollar Cost Averaging)이다. 일정 금액을 정기적으로 투입하는 것, 예를 들면 월급날마다 정해진 금액으로 원하는 암호화폐를 매입하여 쌓아두는 것이다. 이때 시장의 등락과 상관없이 계속 구매하는 것이 원칙이다. 매달 정한 날에 당시 가격이 어떻든 신경 쓰지 않는다.

서두르지 말고 장기적인 안목과 투자 계획을 세워 자산 포트폴리오의 10% 수준에서 정기적으로 일정 금액을 투자하는 것이다. 이를 기반으로 조금씩 포트폴리오의 규모가 커지면 시장 회복 국면에서 상승세를 탈 수 있다. 이것은 역사적으로 검증된 경기순환 과정을 이용한 투자 방법의 하나다.

일정 금액을 장기간 특정 종목에 투자함으로써 리스크를 줄이는 이러한 방식은 누구나 시작할 수 있으며 특히 소액 투자자들에게 매우 적합하다. 자신이 설정한 액수로 가능한 메이저급 암호화폐를 정기적으로 구매하면서 적어도 몇 년은 되팔지 말아야 한다. 자산의 10% 정도를 투자하여 꾸준히 구입한다면 5년 후에 어떻게 되어 있을지 기대해볼 만할 것이다. 현재의 불확실성에 흔들리지 말고 5년 후를 기다려보는 마음가짐이라면 분명 좋은 결과를 낳을 수 있다.

미래를 바라보는 암호화폐 투자

　　　　　　　　　　미공개 코인이나 반드시 오를 것이라는 웹상의 쓰잘데기 없는 정보는 무시하는 편이 낫다. 현재 메이저급이 되어 있는 암호화폐라면 5년 후에는 지금의 시가총액보다 높은 가치를 형성할 가능성이 높다. 그러나 최근 가장 인기 있는 비트코인에 하드포크가 일어났다고 가정하면 미래에는 지금과 전혀 다른 모습이 되어 있을 가능성도 완전히 배제할 수 없다.

　암호화폐 투자자들에게 하드포크는 그 내용에 따라 호재가 될 수도, 악재로 작용할 수 있다. 실제 하드포크가 일어나기 전까지 그 영향을 짐작하기 어렵기 때문에 간혹 불확실성으로 인한 가격 하락이 발생할 수 있다. 그러나 일시적 가격 하락은 대개 하드포크로 체인이 쪼개지고 난 이후에 회복된다. 하드포크로 인해 새로운 암호화폐가 만들어지면 기존 체인 참여자들에게 코인 배당이 돌아간다는 점에서 하드포크는 호재가 될 수 있다. 예를 들어 2017년 8월 1일 비트코인 하드포크로 인해 비트코인 캐시라는 새로운 암호화폐가 생겼을 때 이전 비트코인 소유자들은 보유 코인 수와 동일한 수의 비트코인 캐시를 얻을 수 있었다.

그러나 암호화폐가 뭔지도 정확히 모르면서 막연하게 분위기에 편승한 투자로 불미스러운 경험을 하는 이들이 적지 않다. 대부분이 올바른 지식 없이 무모하게 투자한 경우다. 거듭 강조하지만 암호화폐는 단순한 투자 대상이 아니다. 기존 틀을 뛰어넘은 새로운 화폐인 것만은 분명하지만 투기의 대상으로서는 위험성이 너무 크다.

하지만 기반이 되는 블록체인 기술은 날로 진화를 거듭하고 있고 그에 따른 새로운 특성을 지닌 코인들의 출현이 계속되고 있다. 특히 금융이나 의료, 유통 등 다양한 분야에 정착되면 사회 각 분야에 획기적인 변화를 가져올 것이다. 조금만 더 멀리 내다보면 가능성 있는 대상인 것만은 분명하기에 암호화폐가 지닌 장래성만으로 투자 여부에 대한 판단을 구한다면 긍정적인 결과를 예측할 수 있다.

그래서 월급을 받을 때마다 일종의 적금 같은 형태로 암호화폐를 구입하는 투자는 권장할 만하다. 장기 투자를 하다가 노후에 현금화한다면 꽤 괜찮은 금액의 보너스가 되어 있을 것이다. 이 같은 자신만의 퇴직금 제도도 그 나름대로 재미있지 않을까.

틈틈이 가능성 있는 새로운 암호화폐를 찾아 구입해보는 것도 좋다. 작은 점포를 운영하는 자영업자라면 암호화폐를 결제 수단으로 도입하는 것만으로도 화제성을 가질 수 있다.

경제의 불확실성이 커지는 작금의 시대에 국민연금이나 그 외의 사적 연금만 기대하거나 의지하는 것은 무리다. 보다 적극적으로 부업이나 창업을 해야겠다는 각오가 필요하다. 그럴 때 비트코인이나 리플 같은 암호화폐를 조금씩 구매해보는 것으로 미래를 준비할 수 있을 것이다. 암호화폐를 투기 대상으로 삼는 것과는 전혀 별개의 문제다. 어쩌면 머잖아 다가올 암호화폐의 대중화가 나의 자산을 늘려주는 후원자가 될 수 있을지 모른다.

참고문헌

김대호, 『4차 산업혁명』, 커뮤니케이션북스, 2016.

김동성 · 김영정 · 김호진 · 류현 · 박국권, 『비트코인 가상화폐』, 북스타, 2018.

김승표, 『비트코인이란 무엇인가』, 앤써북, 2015.

노구치 유키오, 『가상통화 혁명』, 김정환 역, 한즈미디어, 2015.

니콜라스 웬커, 『비트코인 대소동』, 서문식 역, 피앤씨미디어, 2018.

돈 탭스콧, 『디지털 경제』, 김종량 역, 창현출판사, 1997.

돈 탭스콧 · 알렉스 탭스콧, 『블록체인 혁명』, 박지훈 역, 을유문화사, 2017.

마이클 케이시 · 폴 비냐, 『비트코인 현상 블록체인 2.0』, 유현재 · 김지연 역, 미래의창, 2017.

문인철 · 한창호, 『블록체인과 암호화폐 혁명』, 시대정신연구소, 2017.

박대호, 『암호화폐 실전투자 바이블』, 북오션, 2018.

박영숙 · 제롬 글렌, 『세계미래보고서 2018』, 비즈니스북스, 2017.

비피기술거래, 『블록체인 가상화폐 산업분석 보고서』, 비티타임즈, 2018.

신의두뇌, 『비트코인 1억 간다』, 솔트앤씨드, 2018.

신지영, 『가상화폐 채굴 입문서』, 퍼플, 2017.

안드레아스 M. 안토노풀로스, 『비트코인, 블록체인과 금융의 혁신』, 김

도훈 · 최은실 · 송주한 역, 고려대학교 출판부, 2015.

안혁,『제4차 산업혁명시대, 비트코인에 투자하라』, 원앤원북스, 2017.

오다 겐키,『가상화폐사용설명서』, 김태진 · 조희정 역, 북오름, 2017.

오세현 · 김종승,『블록체인 노믹스』, 한국경제신문, 2017.

유발 하라리,『호모데우스, 미래의 역사』, 김명주 역, 김영사, 2017.

이병욱,『비트코인과 블록체인』, 에이콘출판, 2018.

이시즈미 간지,『비트코인이 금화가 된다』, 이해란 역, 국일증권경제연구
   소, 2017.

이용갑,『비트코인 경제학』, 북새바람, 2017.

이철환,『암호화폐의 경제학』, 다락방, 2018.

알렉스 프록샤트 · 요셉 보우스켓,『비트코인 탄생의 비밀』, 김진희 역,
   알투스, 2017.

정주필 · 최재용,『디지털화폐 전쟁』, 매일경제신문사, 2017.

크리스 스키너,『금융혁명 2030』, 이미숙 역, 교보문고, 2017.

클라우스 슈밥,『제4차 산업혁명』, 송경진 역, 새로운현재, 2016.

피터 린치 · 존 로스차일드,『피터 린치의 투자이야기』, 고영태 역, 흐름
   출판, 2011.

한길,『미래는 디지털화폐 시대』, 카이로스, 2018.

용어

인명